Geschichtsblätter der Deutschen Hugenotten-Gesellschaft e.V.
Band 44

2009
Verlag der Deutschen Hugenotten-Gesellschaft e.V. Bad Karlshafen

Jochen Desel und Andreas Flick

Sie hatten Calvin im Gepäck

Calvin und die Hugenotten in Deutschland

Begleitbuch zur Ausstellung
im Deutschen Hugenotten-Museum in Bad Karlshafen
11. Juli bis 31. Oktober 2009

Bad Karlshafen 2009

Titelbild:
Johannes Calvin. Ölgemälde von G. Dontu, 2003, Kopie nach dem Gemälde von Peter Schenk
(vgl. S. 79, Nr. 11.2)

Der Ausstellungskatalog wurde durch den Evangelischen Kirchenkreis Hofgeismar gefördert.

Bibliografische Information der Deutschen Bibliothek
Die Deutsche Bibliothek verzeichnet diese Publikation in der Deutschen Nationalbibliografie;
detaillierte bibliografische Daten sind im Internet über **http:/dnb.ddb.de** abrufbar.

Bibliographic information published by Die Deutsche Bibliothek
Die Deutsche Bibliothek lists this publication in the Deutsche Nationalbibliografie;
detailed bibliographic data are available in the internet at **http:/dnb.ddb.de**

Alle Rechte vorbehalten – Printed in Germany
Satz und Layout: Brigitte Flick Design
Korrektorat: Wolfgang Krüger
Herstellung: Alpha Druckteam GmbH, Celle
© Verlag der Deutschen Hugenotten-Gesellschaft e.V.
Bad Karlshafen 2009

Inhaltsverzeichnis

Zum Geleit 6
Lebensdaten von Johannes Calvin (1509-1564) 7
Jochen Desel: Bausteine zu Calvin als „Vater der Hugenotten" 9
Ausstellungsobjekte in Auswahl 41
1. Calvin und die Anfänge der reformierten Kirche in Frankreich 41
2. Calvin und die Hugenotten im deutschen Sprachgebiet 44
3. Calvin und die presbyterial-synodale Kirchenverfassung 45
4. Gottesdienst und Abendmahl 52
5. Calvin und die religiöse Unterweisung 58
6. Calvin und der Psalmengesang in den Hugenottengemeinden 59
7. Calvin und die Bilder 65
8. Calvin und die Armenpflege 67
9. Prädestiniert zum Erfolg 70
10. Calvin-Jubiläen 73
11. Calvin im Bild 78
Literaturverzeichnis 83

Zum Geleit

Am 10. Juli 2009 jährt sich zum 500. Mal der Geburtstag des Franzosen Johannes Calvin (1509-1564). Der Genfer Reformator war die prägendste Gestalt des reformierten Protestantismus. Über Jahrhunderte beeinflusste seine Lehre Kirche, Gesellschaft und Politik.
Der reformierte Weltbund, die Evangelische Kirche in Deutschland (EKD), die Schweizerische Evangelische Kirche sowie weitere europäische Kirchen haben das Jahr 2009 zum Calvinjahr erklärt, in dem in umfassender Weise an den 500. Geburtstag Calvins erinnert und an seine Person, sein Werk und seine Wirkungsgeschichte gedacht wird. Er gab der Reformation eine europaweite, ja man könnte sogar ergänzen, weltweite Dimension.
Johannes Calvin gilt auch als „Vater der Hugenotten". Im Laufe der Zeit verließen über 170.000 Hugenotten ihre französische Heimat, um andernorts ihren reformierten Glauben frei leben zu dürfen. Calvin war einer von ihnen. Zeitlebens blieb er ein Sprachrohr und Seelsorger der Verfolgten. Rund 40.000 französische Glaubensflüchtlinge fanden in deutschen Staaten Aufnahme. Bei ihrer Ankunft hatten sie „Calvin im Gepäck": seine Psalmbücher und Schriften, seine Glaubenslehre und seine Kirchenordnung. In zahlreichen deutschen Städten und Ortschaften entstanden französisch-reformierte Kirchengemeinden im Sinne Calvins.
Pünktlich zu seinem Geburtstag eröffnet das Deutsche Hugenotten-Museum in Bad Karlshafen im Rahmen des alljährlich veranstalteten Hugenottenfestes die Ausstellung „Sie hatten Calvin im Gepäck. Calvin und die Hugenotten in Deutschland". Über 130 Objekte werden in der Sonderausstellung präsentiert. Mehr als die Hälfte davon wird in diesem Begleitbuch ausführlich beschrieben. Wir wünschen allen Leserinnen und Lesern viel Freude bei der Lektüre und der Betrachtung der Ausstellungsstücke. Unser Dank gilt allen Leihgebern und Mitarbeitern an der Konzeption und Gestaltung der Ausstellung.
Abschließen möchten wir unser Geleitwort mit Calvins Wahlspruch, der sichtbar über der Ausstellung schwebt: „*Prompte et sincere in opere domini*" (tatkräftig und aufrichtig im Werk des Herrn).

Jochen Desel (Leiter des Deutschen Hugenotten-Museums, Bad Karlshafen) und
Andreas Flick (Präsident der Deutschen Hugenotten-Gesellschaft e.V.)

*Das Briefsiegel Calvins „Hand und Herz"
ist das Logo der Ausstellung.*

Lebensdaten von Johannes Calvin (1509-1564)

1509, 10. Juli	Geburt in der nordfranzösischen Bischofsstadt Noyon
1523-1533	Studium der Philosophie und der Rechtswissenschaften in Paris, Orléans und Bourges
1533-1534	Theologische Studien und Predigttätigkeit in Angoulême. Bekehrung zur Reformation
1535	König Franz I. lässt die Protestanten in Frankreich verfolgen. Flucht Calvins nach Basel
1536	erscheint die 1. Auflage des calvinischen Hauptwerks, der *Institutio Christianae Religionis* (Unterweisung in der christlichen Religion)
1536	Auf der Durchreise durch Genf wird Calvin von Guillaume Farel eindringlich zum Bleiben aufgefordert, um die Stadt zu reformieren
1538	Farel und Calvin werden aus Genf verbannt. Calvin geht auf Einladung Martin Bucers, dessen Theologie ihn beeinflusst, nach Straßburg.
1538-1541	Calvin ist Pfarrer der französischen Flüchtlingsgemeinde in Straßburg
1539-1541	Calvin nimmt an einem Religionsgespräch in Frankfurt teil und lernt den deutsche Reformator Philipp Melanchthon kennen. Auch bei den Kolloquien in Hagenau, Worms und Regensburg ist Calvin anwesend
1540	Calvin heiratet die Witwe Idelette de Bure, mit der er einen Sohn hat, der kurz nach der Geburt stirbt. Seine Frau stirbt 1549 nach neunjähriger Ehe in Genf. Calvin ist tief getroffen
1541	Der Genfer Rat holt Calvin zurück und stimmt seiner Kirchenordnung zu (*Ordonnances ecclésiastiques*)
1541-1555	Kampf Calvins gegen die *Libertiner* mit freizügiger Lebensauffassung um Anerkennung seiner Kirchenordnung. Sie sieht eine strenge Kirchenzucht in Genf vor, ohne die nach der Auffassung Calvins die Reformation scheitern würde
1549	Einigung Calvins mit Bullinger in Zürich in der Abendmahlsfrage im *Consensus Tigurinus*. Eine Einigung mit den Lutheranern gelingt nicht
1553	Der spanische Arzt Michael Servet wird in Genf auf Veranlassung Calvins verhaftet und schließlich wegen seiner Leugnung der Trinität als Ketzer verbrannt
1559	Calvin gründet die Genfer Akademie, die von seinem Freund und Nachfolger Theodor Beza geleitet wird und viele Pfarrer ausbildet
1562	Die erste vollständige Ausgabe des Genfer Psalters erscheint mit 150 gereimten Psalmen von Theodor Beza und Clément Marot
1562	Massaker von Wassy. Beginn der Hugenottenkriege in Frankreich, die Calvin aus dem Exil in Genf mit hoher Anteilnahme verfolgt
1564, 27. Mai	Calvin stirbt nach rastloser Arbeit mit 54 Jahren, nachdem er sich von den Pfarrern und den Ratsherren in Genf verabschiedet hat. Seine exakte Grabstelle ist unbekannt. Seine Lebensbeichte an die Pfarrer: *„Ich kann allerdings wohl von mir sagen, dass ich das Gute gewollt habe, dass mir meine Fehler immer missfallen haben und dass die Wurzel der Gottesfurcht in meinem Herzen gewesen ist."*

Johannes Calvin, Kupferstich von Johann Jacob Thourneysen, 17. Jh. (vgl. Seite 80, Nr. 11.5)

Bausteine zu Calvin als „Vater der Hugenotten"
von Jochen Desel

Eine neuere Publikation über Calvin und die Hugenotten steht noch aus. Auch das Calvinjahr 2009 mit seiner Fülle von Schriften über den Genfer Reformator hat sie uns meines Wissens nicht gebracht. Dabei war Calvin in eigener Person Réfugié, Glaubensflüchtling, und hat das schwere Schicksal der Flüchtlinge geteilt. Von daher ist es auch gut zu verstehen, dass Calvin mit seinen Gedanken und Gebeten bei den Hugenotten war, dass man ihn mit Fug und Recht „Vater der Hugenotten" nennen darf.
Es kann deshalb auch nicht bezweifelt werden, dass Johannes Calvin mit seinem Leben und Wirken einen großen Einfluss auf die Entwicklung der reformierten Kirche in Frankreich hatte. In ihrer Frühzeit hat er – noch in Frankreich lebend – die zaghaften Anfänge der neuen reformatorischen Denkansätze mitgestaltet. Als Reformator in Genf war Calvin die anerkannte Autorität des reformierten Lagers, der weltweit, aber besonders in seinem Heimatland Frankreich theologische Richtungen vorgab und eine straffe Kirchenorganisation einforderte.
Im Folgenden sollen vor allem aus den Briefen Calvins „Bausteine" zusammengetragen werden, die sein Mitgefühl, sein Engagement und seine Lebensstationen bezogen auf die Hugenotten dokumentieren.[1]
Johannes Calvin wurde am 10. Juli in der pikardischen Bischofsstadt Noyon geboren, um deren Zerstörung durch die kaiserlichen Truppen Calvin 1553 in Genf trauerte.[2] Sein Vater Gérard Cauvin (latinisiert Calvin) war als apostolischer Notar und Generalprokurator beim Domkapitel in Noyon tätig, seine Mutter Jeanne Lefranc stammte aus einer angesehenen Gastwirtsfamilie in Cambrai. Sie hat in den Sohn frühzeitig eine tiefe Frömmigkeit eingepflanzt, starb aber schon 1515, als Calvin sechs Jahre alt war. Obgleich der Vater Gérard zu den besseren Kreisen Noyons gehörte und vor allem kirchlich integriert war, muss er der spätmittelalterlichen Kirchenorganisation in seiner zweiten Lebenshälfte kritisch begegnet sein. Denn er wurde exkommuniziert. Auch zwei der drei Brüder Johannes Calvins erfuhren den Ausschluss aus der Noyoner Gemeinde. Diese Erfahrungen werden an dem jungen Calvin nicht spurlos vorübergegangen sein. Freilich war sein Vater trotz der genannten Geschehnisse weiterhin einflussreich genug, um seinem Sohn eine Pfründe sine curae (ohne Verpflichtungen) in Noyon und eine weitere in Pont l'Évèque, der Heimat des Großvaters, zu beschaffen. Damit konnte Calvin sein Studium finanzieren.
Das begann Calvin zusammen mit den Neffen des Bischofs von Noyon 1521 am Collège de la Marche in Paris, wo ihn Mathurin Cordier (1480-1564) unterrichtete, der später in Neuchâtel und Lausanne als Mitarbeiter Calvins das reformierte Schulwesen mit aufbaute und dem Calvin 1550 als dankbarer Schüler seinen Kommentar zum ersten Thessalonicherbrief widmete.[3] Nach wenigen Monaten wechselte der Student zum Collège Montaigu. Dort erwarb ab 1728 auch Ignatius von Loyola seine Kenntnisse in den freien Künsten. Als hochbegabter Student lernte Calvin die klassischen Sprachen und Philosophie, um, dem Willen des Vaters ent-

---

1 SCHWARZ 1909. Die zweite dreibändige Auflage erschien 1936. Im Folgenden wird nach der ersten Auflage zitiert.
2 SCHWARZ, Briefe I, S. 453. Ein Freund erzählte Calvin, in den Ruinen der Stadt Noyon sei Calvins Vaterhaus unversehrt stehen geblieben. Ebd., S. 466 f. Auch im Folgenden wird nach der zweibändigen Briefausgabe von 1909 zitiert. 1961/62 erschien die 2. Auflage in einer dreibändigen Ausgabe im Neukirchner Verlag.
3 SCHWARZ, Briefe I, S. 375.

sprechend, nach dem Erwerb des Magisters artium 1528 sich dem Theologiestudium zu widmen. Vielleicht durch seine Entfremdung gegenüber der katholischen Kirche änderte Gérard Calvin seine Meinung und ließ den gehorsamen Sohn Rechtswissenschaften studieren. In der Vorrede zum Psalmenkommentar von 1557 urteilte Johannes Calvin rückblickend, er habe Jura studieren sollen, weil der Beruf des Juristen in aller Regel reicher mache.[4] Hier fallen die Parallelen in der universitären Entwicklung zu Martin Luther auf, der sich auch zunächst den Rechtswissenschaften zuwandte. Jedenfalls studierte Calvin ab 1528 in Orléans und ab September 1529 bis 1531 in Bourges auf Wunsch des Vaters ziviles Recht. Calvin beschäftigte sich aber nicht nur mit der Juristerei, sondern auch mit den Ideen der Humanisten, insbesondere eines Erasmus von Rotterdam (1466-1536) und eines Faber Stapulensis (†1536).

Beim Studium der alten Sprachen begegnete Calvin dem deutschen Gräzisten Melchior Volmar (1497-1561). In einem Brief vom 1. August 1546 an den in Tübingen als Professor der Rechtswissenschaften berufenen Volmar bedankte sich Calvin für seinen Unterricht und widmete ihm seinen Kommentar zum 2. Korintherbrief.[5] Im Februar 1531 war Calvin juristischer Baccalaureus. Danach ging er für kurze Zeit zurück nach Orléans, wo er sich nach dem Tod des Vaters (26. Mai 1531) verstärkt den humanistischen Studien zuwandte. Die Frucht dieser Studien war die erste Publikation Johannes Calvins, der Seneca-Kommentar *De Clementia*. Der junge Wissenschaftler veröffentlichte ihn – inzwischen nach Paris zurückgekehrt – im Jahr 1532 trotz gewisser Finanzierungsprobleme, bei denen er einen Freund um Hilfe bat.

Innerlich war Calvin zu diesem Zeitpunkt schon einen Schritt weitergegangen. Er wandte sich in seinen Studien von den alten Griechen und Römern zu den Hebräern. In seiner Autobiographie bekannte der ältere Calvin, er habe sich mit dem alttestamentlichen König David identifiziert. Wie David sei er aus „*dunklen und geringen Anfängen emporgehoben*" worden und zum „*Verkündiger und Diener des Evangeliums geworden*"[6]. König David, die Psalmen und das ganze Alte Testament blieben für Calvin wegweisend und trostspendend für seinen weiteren Lebensweg. Es ist nicht zufällig, dass Calvin gerade im Psalmenkommentar seine persönliche Lebensbeichte veröffentlichte. Und es ist sicher auf Calvin zurückzuführen, dass den Hugenotten in Frankreich und im Refuge das „wandernde Gottesvolk" des Alten Testaments Trost und Vorbild zugleich wurde.

Vor seiner Betätigung als Diener des Evangeliums stand für Calvin ein intensives Schriftstudium, dem sich Calvin zuwandte. Mit seinen eigenen Worten hört sich das so an: sein „*starres Herz*" sei durch eine plötzliche Bekehrung zur Gelehrsamkeit [in der Schrift] gebracht worden (*subita conversione ad docilitatem*). Mit diesem oft falsch gedeuteten Satz ist nicht eine religiöse Bekehrung, sondern eben die intensive neue Hinwendung zu Exegese und Schriftstudium gemeint.[7]

Trotzdem bleibt in der religiös-theologischen Entwicklung Johannes Calvins zum „Vater der Hugenotten" vieles unklar. Sein theologisches Studium ist in den einzelnen Stationen nicht nachvollziehbar. Hat er das Studium ordnungsgemäß abgeschlossen? Ist er zum Doktor der Theologie promoviert worden? Wohl nicht. Ist er ordiniert worden? Sicher auch nicht, denn es gab zu diesem Zeitpunkt noch keine reformierte Kirchenorganisation in Frankreich. Hat er

---

4   Calvin Studienausgabe, Bd. 6, S. 25.
5   CHWARZ, Briefe I, S. 251. Vgl. Calvin Handbuch, S. 25.
6   Calvin Studienausgabe, Bd. 6, S. 25.
7   Siehe Calvin Handbuch, S. 26.

Unterricht in praktischer Theologie, in Predigt, Lehre und Seelsorge erhalten? Wahrscheinlich blieb er hier Autodidakt, freilich ein höchst erfolgreicher.

Wir wissen nur, dass Johannes Calvin durch ein immer gewisseres und entschiedeneres Eintreten für den Sieg der reformatorischen Erkenntnisse in Frankreich in Schwierigkeiten kam. Dennoch setzte er seinen Weg unbeirrt fort. Stationen dieses Weges waren die Pariser Rektoratsrede zum Semesterbeginn vom 1. November 1533 seines Freundes Nikolas Cop (ca. 1505-1540), die Calvin mitverfasst haben soll und die erhebliches Aufsehen erregte, u.a. weil sie Luther- und Melanchthon-Zitate enthielt. Als angeblicher „Lutheraner" musste Calvin aus der Hauptstadt nach Angoulême fliehen, wo er bei dem Domherrn Louis du Tillet Zuflucht fand und seine Gönnerin Margarete von Angoulême im Schloss in Nérac nicht weit war. Fern von Paris machte Calvin erste Predigtversuche. Unter anderem in einer Höhle bei Poitiers fand er Zuhörer.[8] Die Situation einer verfolgten und im Verborgenen lebenden Christenheit wurde dem jungen Prediger früh vertraut.

Den entscheidenden Wendepunkt im Leben Calvins brachte das Jahr 1534. Calvin kehrte noch einmal zurück in seine Heimatstadt Noyon, um seine Angelegenheiten zu regeln. Jetzt vollzog er offiziell den für ihn in den finanziellen Auswirkungen bedeutsamen Bruch mit der katholischen Kirche. Er verzichtete auf die Einkünfte aus seinen kirchlichen Pfründen in Noyon und Pont l'Évêque in der Normandie.[9]

Die Plakat-Affaire (*Affaires des Placardes*) in der Nacht vom 17. auf den 18. Oktober 1534 zwang Calvin, sein Vaterland zu verlassen. An Wände und Türen überall im Land waren von Antoine Marcourt (1490-1561) verfasste Thesen gegen die römische Messe angeschlagen worden. Das hatte den französischen König Franz I. so verärgert, dass er Sympathisanten und Protestanten verschärft verfolgen ließ. Calvin sah für sich keine Möglichkeiten mehr, in Frankreich als „Diener des Evangeliums" zu wirken. In seiner Autobiographie schrieb er: *„Ich verließ mein Vaterland und reiste nach Deutschland in der Absicht, in irgendeinem verborgenen Winkel versteckt meine mir seit langem versagte Ruhe zu genießen."*[10] Aus dem 26-jährigen Gelehrten und Prediger wurde ein Gejagter, ein Réfugié, ein Glaubensflüchtling, der seine geliebte Heimat – abgesehen von einem kurzen Aufenthalt im Sommer 1536 – nie wiedersah. 1561 schrieb er an seine protestantischen Landsleute, er vermisse Frankreich nicht, weil dort *„Gottes Wahrheit"*, der *„reine Glaube"* und die *„Lehre der ewigen Seligkeit"* verbannt seien.[11]

Zusammen mit seinem Freund Louis du Tillet floh Calvin in den ersten Januartagen 1535 über Straßburg nach Basel. In der alten Stadt am Rhein, die sich am 21. Januar 1534 eine *Basler Konfession* als Richtschnur des evangelischen Glaubens gegeben hatte, vollendete der Flüchtling mit dem Pseudonym Martianus Lucanus (in Lucanus steckt der Name Calvin; vielleicht ist es auch eine Anspielung auf den Namen Martin Luthers) in abgeschiedener Stille die lateinische Erstfassung seines theologischen Hauptwerkes, der *Institutio Christianae Religionis*. Sie wurde in Basel 1936 bei Thomas Plater und Balthasar Lasius gedruckt. In der stilistisch glänzend geschriebenen Vorrede des Werks appellierte er an den französischen König

---

8 Zu Calvins ersten Predigtversuchen siehe Calvin Handbuch, S. 27 f.
9 Nach Lefranc und R. Staehelin soll Calvin wegen seines Abfalls vom katholischen Glauben eine Gefängnisstrafe in Noyon verbüßt haben (RE3, S. 658).
10 Psalmenkommentar, Calvin Studienausgabe, Bd. 6, S. 27.
11 SCHWARZ, Briefe II, S. 362.

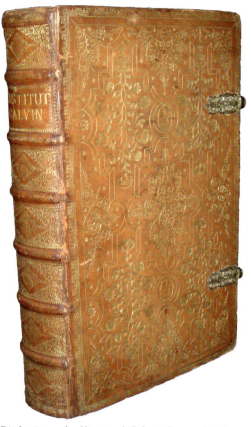

Die Institutio, das Hauptwerk Calvins, Bremer Druck aus dem Jahr 1713 (vgl. Seite 45, Nr. 2.1)

Franz I. (1515-1547), seinen reformierten Untertanen Glaubensfreiheit zu geben.[12] Calvin wies theologisch scharfsinnig nach, dass die Lehre der Reformierten weitgehend mit den allgemeinen christlichen Glaubensauffassungen und denen der Kirchenväter übereinstimme. Das Hauptmotiv für die Abfassung der *Institutio* war der dann leider doch misslungene Versuch, das Wohlwollen des Königs zu gewinnen und damit den Hugenotten in Frankreich das Leben leichter zu machen. *„Das war der Grund, der mich bewog, meine Institutio zu veröffentlichen"* und: *„ ...die verletzte Ehre meiner Brüder zu verteidigen, deren Tod vor dem Herrn kostbar war"*, schrieb Calvin später in der Vorrede zu seinem Psalmenkommentar.[13] Überspitzt gesagt: Ohne die Hugenotten in Frankreich gäbe es keine *Institutio*. Das Hauptwerk Calvins ist in seiner ersten Auflage eine Apologie der reformierten Lehre, um ihre Anhänger zu schützen. Calvin war als Vertriebener der Sachwalter der in Frankreich verbliebenen Verfolgten.

In Basel schrieb Calvin aber auch Vorworte zur ersten protestantischen französischen Bibelübersetzung seines Vetters Robert Olivetan (ca. 1506-1538) und versuchte damit, die Waldenser von der biblischen Grundlage der Genfer Reformation zu überzeugen. Die mit Pathos vorgetragenen Gedanken im Vorwort zum Neuen Testament (*Epître*) zeigen wiederum Calvin als glänzenden Schriftsteller und zugleich als Verteidiger der Verfolgten: *„Und wenn wir auch überall vertrieben werden, sind wir doch nicht außerhalb seines [Gottes] Herrschaftsbereichs, dass dann, wenn wir entblößt und arm sind, wir einen Vater haben, der reich genug ist, um uns zu ernähren."*[14]

Calvin als Pfarrer und Universitätslehrer in Straßburg

Schon im Mai 1536 verließ Calvin das gastliche Basel, war im Juni 1536 noch einmal kurz in Paris und vielleicht sogar in Noyon, um mit seiner Schwester Marie, seinem Bruder

---

12 Calvin Studienausgabe, Bd. 1.1, S. 59-107.
13 Calvin Studienausgabe, Bd. 6. S. 62.
14 Calvin Studienausgabe, Bd. 1.1, S. 51.

Antoine und seinem Freund Louis du Tillet dann nach Straßburg zu reisen.¹⁵ Auf der Durchreise in Genf wurde er – wie allgemein bekannt ist – von Guillaume Farel in der Stadt am Lac Leman festgehalten. Als Calvin sich zunächst weigerte, in Genf zu bleiben, „*ließ er* [Farel] *sich zu einem Fluch hinreißen, wenn ich* [Calvin] *mich in einer solchen Notlage der Hilfeleistung entziehe. Dieser Schock erschütterte mich derart, dass ich die begonnene Reise nicht fortsetzte*"¹⁶. Calvin arbeitete zusammen mit Farel zunächst zwei Jahre in Genf. Dann wurden die beiden Reformatoren von einem widerspenstigen Stadtrat der Stadt verwiesen. Farel kehrte zu seiner alten Gemeinde in Neuchâtel zurück. Calvin wollte seinen Lebenstraum verwirklichen, nunmehr als Privatgelehrter ein ruhiges Leben zu führen; aber wieder kam es anders.

Der Straßburger Reformator Martin Bucer rief Calvin ähnlich hartnäckig wie Farel Anfang September 1541 nach Straßburg.¹⁷ Die elsässische Stadt war bereits 1529 zur Reformation übergetreten und beherbergte zahlreiche Anhänger und Verfechter des neuen Glaubens, von denen neben Caspar Hedio (1494-1552) und Wolfgang Capito (ca. 1478-1541) Martin Bucer aus

Martin Bucer, Kupferstich von Adriaen van Werff (1659-1722). (vgl. Seite 45, Nr. 2.2)

Schlettstadt (1491-1551) der bedeutendste war. Für die theologische Fortentwicklung Johannes Calvins waren die drei relativ unbeschwerten Straßburger Jahre ein großer Gewinn. Er wurde 1539 an der Straßburger Universität zum Professor ernannt und hielt Vorlesungen über zentrale Schriften des Neuen Testaments (Johannesevangelium, Römerbrief u.a.). Im selben Jahr wurde Calvin in die Straßburger Bürgerschaft ausgerechnet als Mitglied der Schneiderzunft aufgenommen.¹⁸ Besonders ehrenvoll für Calvin war seine Delegation zu den religiös-politischen Gesprächen 1540/41 in Frankfurt am Main, Hagenau, Worms und Regensburg.¹⁹ In Gegenwart Kaiser Karl V. kam es zwischen Protestanten und Katholiken in vielen Punkten zur Übereinstimmung. Die Einigung scheiterte aber an der Transsubstan-

---

15 Jean Calvin, herausgegeben vom Calvin-Museum in Noyon, Noyon 2000, S. 10 (englische Fassung). Siehe auch ARNOLD.
16 Psalmenkommentar, Calvin Studienausgabe, Bd. 6, S. 31.
17 Ebd., S. 31.
18 Calvin Handbuch, S. 38.
19 ZUR MÜHLEN; Siehe auch: REIS und WITT (Hg.), S. 113.

Belgische Briefmarke mit dem Porträt von Idelette de Bure (vgl. Seite 42, Nr. 1.3)

tiationslehre, die von den Katholiken nicht aufgegeben wurde. Calvin nahm an den Verhandlungen regen Anteil, obgleich er kein offizieller Delegierter war. Auch sein privates Leben entwickelte sich erfreulich. Calvin fand in der aus Geldern stammenden Idelette de Bure (1505-1549) einen Ehepartner. Idelette war mit dem von Calvin in die reformierte Kirche zurückgeführten Wiedertäufer Johann Storder (frz. Stordeur) aus Lüttich verheiratet gewesen, der 1539 in Straßburg an der Pest starb. Der Freund Guillaume Farel kam eigens nach Straßburg und traute 1540 die Witwe mit Calvin. Das einzige Kind des Ehepaares, der Sohn Jacques, starb 1542 kurz nach seiner Geburt. Idelette folgte ihm 1549 nach nur neunjähriger Ehe. Calvin hat der Tod seiner Frau schmerzlich getroffen. Das zeigt sein Brief vom 28. Juni 1549 an Martin Bucer in Canterbury: *„Ich bin nur noch ein halber Mensch, denn der Herr hat vor kurzem meine Frau zu sich heimgeholt; sie schied von dieser Welt, um in wunderbarer Glaubensfestigkeit gen Himmel zu eilen."*[20]

Eine besondere Aufgabe für Calvin in Straßburg war die pastorale Betreuung einer französisch-reformierten Flüchtlingsgemeinde, die in Ansätzen schon vor der Ankunft Calvins bestand. Calvin setzte sich dafür ein, dass aus einer zunächst nur locker zusammengefügten Gruppierung von Réfugiés, die vornehmlich aus Metz an den Rhein gekommen waren, eine Gemeinde mit geordneten Strukturen wurde. Calvin predigte regelmäßig an Sonn- und Wochentagen in der Straßburger Nicolaikirche, der Kirche der Büßer der heiligen Magdalena und 1541 im Chorraum der Domikanerkirche.[21] Bei Abwesenheit wegen seiner Teilnahme an auswärtigen Konzilen ließ er sich durch Vikar Nicolas Parent vertreten, dem er 1540 aus Worms zwei beratende Briefe sandte, die zeigen, wie sehr Calvin die kleine Gemeinde am Herzen lag.[22] Sie war ihm auch ein Stück Heimat in dem damals deutschsprachigen Straßburg. Calvin hat die Straßburger Jahre nicht zur Erlernung der Sprache Luthers genutzt und konnte sich auf den Konzilen in Regensburg und Worms nur in Lateinisch verständigen.[23]

In der Gemeindearbeit waren Calvin Kirchenordnung und Kirchenzucht besonders wichtig. Die Straßburger französische Gemeinde sollte Vorbild werden für die reformierten Gemein-

---

20 SCHWARZ, Briefe I, Nr. 267, S. 351.
21 Calvin Handbuch, S. 39.
22 SCHWARZ, Briefe I, Nr. 59 u. 60.
23 Ebd.

den in der französischen Heimat ihres Pfarrers.[24] Das galt auch für die Feier des Abendmahls. Der junge Pfarrer setzte sich für eine geregelte Vorbereitung zur Kommunion ein und verwahrte sich gegen Angriffe, er wolle die reformierten Christen in der Nachfolge der katholischen Beichte in eine *„neue Knechtschaft"* führen.[25] Getreu seiner Grundsätze verteidigte Calvin immer wieder die *„Ordnung der Kirche"*[26]. An die Stelle der katholischen Ohrenbeichte setzte Calvin in Übereinstimmung mit Bucer eine Vorbereitung zum Abendmahl, die „Würdige" von „Unwürdigen" trennen sollte. Calvin schreibt an Farel: „[...] *wie soll er [der Pfarrer] dieses Amt verwalten, wenn er nicht ein bestimmtes Mittel hat, die Würdigen von den Unwürdigen zu scheiden?"*[27] Für diejenigen, die sich der Kirchenzucht nicht unterwarfen, kam als letztes Mittel die Exkommunikation in Frage. Gegenüber den zahlreichen Wiedertäufern in Straßburg beharrte Calvin entschieden auf der Gültigkeit der Kindertaufe.

Aber nicht nur der Kampf um die Gemeinde- und Abendmahlsordnung bestimmte die Tätigkeit als Straßburger Gemeindepfarrer. Ein Anliegen war ihm die Einführung des Gemeindegesangs im Gottesdienst. Hier waren ihm die deutschen Gemeinden anregendes Vorbild zur Nachdichtung der Psalmen 46 und 25, denen er noch andere hinzufügte. Farel sollte den Gesang dieser Psalmen in seiner Neuchâteler Gemeinde erproben.[28] 1539 ließ Calvin das erste Psalmbuch der französisch-refomierten Kirche *Aulcuns pseaulmes et cantiques mys en chant* im Druck erscheinen.[29] In der Auswahl von 18 Psalmen und den drei Lobgesängen, dem Lobgesang des Simeon, dem gesungenen Dekalog und Credo, hatte Calvin fünf von ihm nachgedichtete Psalmentexte eingefügt. Die anderen stammten von Clément Marot (1496-1544), dessen Texte die späteren vornehmlich in Genf erschienenen Psalmenausgaben bestimmten. Die Melodien übernahm Calvin von den Straßburger Komponisten Mathias Greiter (ca. 1494-1550) und Wolfgang Dachstein (1487-1553).[30]

Leider hat sich die Erstausgabe der von Calvin in Straßburg für die französisch-reformierten Gemeinden 1539/1540 zusammengestellten Liturgie nicht erhalten, die auf dem spätmittelalterlichen Predigtgottesdienst gründete und die Farel bereits in Genf erprobt hatte. Ein vollständiges Psalmbuch mit den von Clément Marot übersetzten 150 Psalmen erschien in Straßburg noch zu Lebzeiten Calvins im Jahr 1553.

Bei allen gemeinderelevanten Maßnahmen, die Calvin in Straßburg erprobte und einführte, hatte er die Gemeinden in Frankreich im Auge, für die er sich weiterhin verantwortlich fühlte. In seinen Briefen an seinen Mitstreiter und Freund Guillaume Farel beklagte er mehrfach das Schicksal der Verfolgten. Hilferufe aus der Heimat erreichten sein Ohr, wie der Brief eines unbekannten Pfarrers im Jahr 1540 beweist. Calvin ermahnte den Pfarrer zum Bibelstudium und warnte ihn vor den *„faulen Dompfaffen"*, die ihr ganzes Leben mit *„Essen und Trinken"*, *„Spielen und Schlafen"*, *„hässlichen Lüsten"* und dem Betrachten *„schöner Gemälde"* verbringen.[31]

---

24   Calvin Handbuch, S. 39.
25   SCHWARZ, Briefe I, S. 95.
26   Z.B. in seinem Brief an Vikar Parent vom 14.12.1540. Ebd., S. 110. Siehe auch Calvin Handbuch, S. 39.
27   SCHWARZ, Briefe I, S. 95.
28   Ebd., S. 61: Die Psalmen hatten wir deshalb geschickt, damit sie bei Euch zuerst einmal gesungen würden, ehe sie an den Ort kommen sollen, den du dir denken kannst [Genf]. Denn wir haben im Sinn, sie bald herauszugeben.
29   Der Originaldruck hat sich wohl nur in der Bayerischen Staatsbibliothek in München erhalten.
30   Calvin Handbuch, S. 40.
31   SCHWARZ, Briefe I, S. 96 f.

Als Calvin 1541 auf wiederholtes Drängen der Genfer Stadtregierung Straßburg verließ, um an seinen ersten Wirkungsort zurückzukehren, war er an Erfahrungen reicher.[32] Insbesondere seine praktische Gemeindearbeit und sein Nachdenken über die Ordnungen der Kirche in Gottesdienst und Abendmahl waren eine gute Vorbereitung für sein künftiges kirchengestaltendes Wirken in Genf. Nicht zuletzt verdankte Calvin wichtige Anregungen und Erkenntnisse seinen Straßburger reformatorischen Kollegen, bei denen Martin Bucer an erster Stelle steht.

Nach der Abreise Calvins aus Straßburg übernahm der Metzer Dominikaner Pierre Brully die dortige französisch-reformierte Gemeinde. Er verließ aber Straßburg schon nach kurzer Zeit, um in Tournai bedrängten Glaubensfreunden beizustehen. Dort fand er 1544 als Märtyrer den Tod. Nach kurzer pfarramtlicher Tätigkeit Valérand Poullains in der französisch-reformierten Gemeinde folgte ihm 1545 im Straßburger Pfarramt François Garnier der 1548 abdanken musste, weil er das Interim ablehnte.[33]

Nach seiner Rückkehr nach Genf hielt sich Calvin zunächst ein Anrecht auf seine Pfarrstelle in Straßburg offen. Seinen endgültigen Verzicht auf die Pfründe der Kaplanei St. Peter in der Krypte am Straßburger Münster erklärte er erst am 21. Januar 1546 in einem Brief an Pfarrer Konrad Hubert.[34] Calvin blieb aber mit der Gemeinde in Verbindung und verteidigte 1554 in einem Schreiben an den Straßburger lutherischen Pfarrer Johann Marbach die reformierte Abendmahlspraxis seines Nachfolgers Jean Garnier in der französisch-reformierten Gemeinde.[35] Bei seinem Genfer Neuanfang regelte er zusammen mit dem Rat der Stadt den Übergang Genfs von der mittelalterlichen Bischofsstadt zur modernen Republik und die Funktionen der Kirche innerhalb dieses Stadtstaats. Grundlage dafür waren die calvinischen *Ordonnances ecclésiastiques* von 1541,[36] die der Kirche erhebliche Freiheiten zubilligte. Innerkirchlich wurde die Gemeindeleitung auf vier Ämter verteilt: die Ämter der *pasteurs* (Predigt), der *docteurs* (Lehre), der *anciens* (Verwaltung) und der *diacres* (Armenpflege). In Genf war die „Compagnie des pasteurs" mit Vertretern der Stadt im Konsistorium verbunden, das die Leitung der Kirche innehatte.[37]

Als Glaubensgrundlage ersetzte Calvin 1542 seinen Katechismus von 1537 durch ein neues Werk, abgefasst in Frage und Antwort.[38] Im selben Jahr 1542 erschien eine neue Gottesdienstordnung, die Psalmengesang und Abendmahlsfeier, aber auch Lesung des Dekalogs und den Lobgesang des Simeon vorsah.[39] Beide Entwürfe waren von der Straßburger Praxis und der Ekklesiologie Bucers nicht unwesentlich beeinflusst. Ordonnances, Katechismus und Liturgie blieben im Grundsatz auch für die Gemeinden im deutschen Refuge verbindlich.

---

32 Calvins offizielle Antwort auf die Rückberufung an den Genfer Rat erfolgte bereits am 23. Oktober 1540. SCHWARZ, Briefe I, S. 106 f. u. Briefe Calvins an Farel vom 24. Oktober u. 13. November 1540, SCHWARZ, Briefe I, S. 107 f. Siehe auch REIS und WITT (Hg.), S. 78.
33 Ebd., S. 332.
34 Ebd., S. 235.
35 SCHWARZ, Briefe II, S. 26-28.
36 Sie erschienen 1561 in endgültiger Fassung. Calvin Studienausgabe Bd. 2, S. 227-279. KINGDON, S. 117-126.
37 Siehe Calvin Handbuch, S. 44.
38 Calvin Studienausgabe, Bd. 2. S. 1-135.
39 Ebd., S. 137-225.

Calvin und die Hugenotten in Genf

Trotz seiner vielfältigen europaweiten Verpflichtungen und trotz seiner umfangreichen Korrespondenz mit Theologen, Politikern, Gemeinden und einzelnen Christen konnte Calvin seine täglichen Pflichten als Prediger, theologischer Lehrer und Organisator des Gemeindeaufbaus und der Kirchenzucht nicht vernachlässigen. Dadurch lag auf ihm eine ungeheure Arbeitslast, die für ihn kaum zu bewältigen war, zumal Migräne, Magenschmerzen und andere Krankheiten seine Tätigkeit erschwerten.[40] Nach seiner Rückkehr war seine Stellung in dem Zeitraum von 1548 bis 1555 in der Stadt am Lac Léman keineswegs unerschüttert und auch nach seinem Sieg 1555 blieben Auseinandersetzungen nicht aus.[41]

Erst 1559 erhielt Calvin, die damals wohl wichtigste Person in der Stadt, das Genfer Bürgerrecht. Vorher war Calvin auch in seiner inneren Einstellung Franzose geblieben, obwohl er seine Heimat nie wiedergesehen hatte. Allerdings vermittelten ihm die kontinuierlich in Genf eintreffenden französischen Flüchtlinge immer wieder authentische Kontakte mit seinem Heimatland. Ohne die Réfugiés hätte er sich gegen die zahlreichen Anfeindungen der Genfer Altbürger nicht durchsetzen können.

Insbesondere die 1546 nach Genf eingewanderte Gruppe von Pfarrern der Märtyrerkirche in Frankreich unterstützten Calvin bei dem Aufbau einer tragfähigen Kirchenorganisation und bei der nach der Ekklesiologie des Reformators dafür nötigen strengen Kirchenzucht.[42] Sie berieten und entschieden in wöchentlichen Zusammenkünften als *Compagnie des pasteurs* die anstehenden Probleme. Dabei war trotz der kollegialen Leitung der Kirche die Autorität Calvins unumstritten und anerkannt. Weil Calvin wusste, wie wichtig geeignete Prediger für den Aufbau der Gemeinden in Genf wie in Frankreich waren, bemühte er sich intensiv um eine Ausbildungsstätte für reformierte Theologen, die 1559 entstand. An der Genfer Akademie hielt Calvin regelmäßige Vorlesungen. Sein Einfluss auf nachrückende Theologengenerationen war so gesichert; die Begeisterung der Studenten für Calvin ist bekannt. Die Leitung der Einrichtung übertrug Calvin seinem Vertrauten, Nachfolger und späteren Biographen Theodore de Bèze aus Vezelay in Burgund (1519-1605), der vorher in Lausanne gelehrt hatte.

Für den Druck und die Verbreitung seiner Schriften wurde der berühmte Pariser Buchdrucker Robert Estienne (1503/04-1558) wichtig, der als Glaubensflüchtling 1550 nach Genf kam und 1553 die erste französische Bibel mit Kapitel- und Verseinteilung veröffentlichte. Aber auch andere französische Réfugiés ohne große Namen unterstützen Calvin bei seinem Bemühen, Genf zu einer vorbildlichen protestantischen Stadt zu machen. Umgekehrt unterstützte Calvin seine in Genf eintreffenden Landsleute in jeder Weise. Die in Frankreich zunehmender Verfolgung und vielfältigen Schikanen ausgesetzten Hugenotten forderte er in seinen Hirtenbriefen und persönlichen Schreiben zur Auswanderung auf.[43]

Bei seiner entschiedenen Rechtfertigung, ja Forderung der Emigration der Reformierten aus Frankreich argumentierte Calvin mit Berufung auf Nikodemus im Johannesevangelium Kapitel 3 gegen die *„Nikodemiten"*, die wegen der Verfolgungen nur im Verborgenen ihren Glauben bekannten. 1554 veröffentlichte Calvin eine kurze Schrift *De Scandalis* (Von den Ärger-

---

40 In einem Brief vom 8.2.1564 an die Ärzte in Montpellier zählte Calvin die Krankheiten auf, die ihm zu schaffen machten. SCHWARZ, Briefe II, S. 473 f.
41 Calvin Handbuch, S. 54.
42 Ebd., S. 44.
43 SCHWARZ, Briefe I, S. 178, S. 180, S. 262 an eine unbekannte Hugenottin, S. 481 an einen unbekannten Hugenotten und öfter.

nissen), in der er sich mit der Problematik des Nikodemitismus auseinander setzte und eine Gewissenspflicht zur Auswanderung postulierte, wenn die offene Ausübung des reformierten Glaubens in der Heimat nicht mehr möglich war.[44] Calvin widmete diese Schrift seinem aus Noyon stammenden Freund Laurent de Normandie (ca. 1510-1569), der als Réfugié in Genf lebte und als Beispiel dafür dienen konnte, freiwillig ins Exil zu gehen.

In seinem einzigen Brief an Luther vom Januar 1555 bat Calvin den deutschen Reformator um Unterstützung seiner Bemühungen, die in Frankreich lebenden Reformierten, zu einer entschiedenen Haltung zu bewegen. Sie sollten als Protestanten auch nicht pro forma an einer katholischen Messe teilnehmen. Leider hat der Brief Luther nie erreicht, weil der zaghafte Melanchthon es nicht wagte, ihn Luther zu übergeben.[45]

Die alteingesessenen Genfer beobachteten den immer stärker werdenden Einfluss der Réfugiés in ihrer Stadt mit Skepsis und Ablehnung. Während der Regierungszeit Heinrichs II. hatte die Stadt am Genfer See ca. 13.000 Einwohner. Mehr als 4.000 sollen in der Zeit aus Frankreich nach Genf eingewandert sein.[46] Nach einer exakteren Berechnung waren zwischen 1551 und 1560 unter den 460 Personen, die das Genfer Bürgerrecht erhielten 318 Neubürger aus dem Königreich Frankreich.[47] Die Reformationsgegner in Genf blickten argwöhnisch auf die dank Calvins Einfluss wohl gefüllten Fonds zur Unterstützung notleidender Flüchtlinge und die zunehmende Französisierung ihrer Stadt. Es gelang ihnen jedoch nicht, das Rad der Geschichte nach rückwärts zu drehen.[48] Pointiert kann man sagen: Ohne die Hugenotten in der Stadt wäre die Genfer Reformation nicht gelungen. Aber auch: Ohne die Hilfsbereitschaft Calvins und seiner Anhänger wäre Genf nicht zur „Arche der Flüchtlinge" geworden, die Tausenden eine neue feste Bleibe oder temporäre Unterstützung bot.

Calvin und die Hugenotten in Frankreich

Wegen seiner Herkunft und seiner weiterbestehenden zahlreichen Verbindungen nach Frankreich fühlte sich Calvin mit den in seiner Heimat entstehenden reformierten Gemeinden eng verbunden.[49] Mehr noch, der Flüchtling in der vor den Verfolgungen sicheren Schweiz wollte sein Teil dazu beitragen, den bedrängten Christen in Frankreich mit tröstenden und glaubensstärkenden Briefen beizustehen und sie in kirchlichen und theologischen Angelegenheiten verschiedenster Art zu beraten.

So schrieb er am 24. Juli 1547 in einem Hirtenbrief an die Reformierten in Frankreich nach der informativen Erläuterung der kirchlich-politischen Lage in Deutschland und in Genf:
„*Ich bitte Euch, geliebte Brüder, auch Eurerseits fest zu bleiben im Guten. Keine Furcht erschüttere Euch, auch wenn noch deutlichere Gefahren kämen, als ihr bisher gesehen. Das Vertrauen, das uns Gott auf seine Gnade und Kraft setzen heißt, sei Euch stets eine feste Burg*".[50]

In Hirtenbriefen vom 19. Juli u. 3. September 1554 an eine Hugenottengruppe bzw. an die Hugenotten im Poitou empfahl Calvin für Verfolgungszeiten Gottesdienste im Verborgenen

---

44 CO Bd. VIII, S. 1-83, und SCHWARZ, Briefe I, S. 481.
45 Ebd., S. 202 f.
46 Jean Calvin. Museum Noyon, S. 13, mit einer Übersichtskarte zu den Herkunftsorten der hugenottischen Réfugiés, die nach Genf kamen.
47 Société d'histoire et d'archéologie de Genève, Bd. 47, S. 249.
48 Calvin an Farel am 26. Oktober 1552. SCHWARZ, Briefe, Bd. I, S. 452 f.
49 Siehe ENGAMMARE ; MENTZER.
50 SCHWARZ, Briefe I, S. 285.

und die Berufung eines geeigneten Mannes als Pfarrer zur Sakramentsverwaltung.[51] Für Calvin waren die Zusammenkünfte der Gläubigen zum Christsein unabdingbar, weil nur so Gott in rechter Weise gelobt werden könne, ehe „*einst die Gesamtheit der Kirche versammelt wird im Himmelreich*"[52].

Auch die kleine Gemeinde in Metz sollte nach den Vorstellungen Calvins, ohne auf die Hilfe deutscher Fürsten zu vertrauen, in einem Privathaus Gottesdienste halten: „*und hat Euch bisher Furcht gehindert, Eure Pflicht zu tun, und der heiligen Wahrheit Gottes die Tore von Metz verschlossen gehalten, so gebt Euch Mühe, die Fehler der Vergangenheit wieder gut zu machen*[53]." Das geschah jedoch nicht in dem vom Genfer Reformator gewünschten Maß. Calvin sah sich zu einer schärferen Mahnung an die Metzer genötigt, das Evangelium offen zu bekennen.[54]

Flankierend zur Pariser Synode veröffentlichte Calvin 1559 einen umfangreichen Hirtenbrief an alle Hugenotten in Frankreich mit praktischen Ratschlägen. Der Reformator verlangte den würdigen Empfang des Abendmahls, das Festhalten an der Kirchenzucht, das Abgeben katholischer Pfründen, die Prüfung der Pfarrer, ob sie die „*gute, reine Lehre*" predigten und den Kampf für das Evangelium führten ohne Anwendung von Gewalt. Er polemisierte gegen katholische Priester als „*Caphars*" (Kaffern), die schöne Worte in ihre „*Lügenpredigten*" einflöchten, um die Gunst der evangelischen Christen zu erringen.[55]

Am 18. August 1561 adressierte Calvin einen Hirtenbrief wieder an alle Reformierten in Frankreich. Zunächst begründete er sein Leben im Exil und erklärte, gerade durch sein „*Fernsein*" habe er eine reichere Frucht seiner Studien ernten können, mit denen er dem französischen Volk als Ganzem helfen könne. Er setzte es in dem Brief konkret um am Beispiel des alttestamentlichen Danielbuches, zu dem Calvin gerade einen Kommentar herausgegeben hatte. Daniel als mutiger Bekenner, umringt von Feinden, sei ein Beispiel für die Hugenotten in Frankreich. Auch sie würden verfolgt, gefoltert und getötet. Calvin mahnte die Adressaten, in den kommenden Verfolgungen der Gnadenwahl Gottes gewiss zu bleiben. Wem „*Gottes Ehre am Herzen liegt*", der würde sich nicht beirren lassen. Auch wenn alle Welt „*von der Pest des Epikuräismus*" erfüllt sei, sollten die Hugenotten doch nach dem Kolosserbrief „*züchtig, gerecht und gottselig leben*". Calvin widmete seinen Daniel-Kommentar den reformierten Christen in Frankreich als Pfand dafür, dass er ihnen helfen wolle. Das sollte weiter von Genf aus geschehen, weil er den „*Posten, auf dem er nach Gottes Willen bleiben soll*", nicht verlassen dürfe.[56]

Zwei Jahre vor seinem Tod 1562 ermahnte Calvin in paulinischer Manier eine nicht namentlich angesprochene Gemeinde in Frankreich mit scharfen und eindringlichen Worten zur fleißigeren Bibellektüre, zu einem geordneten Familienleben, zum Verzicht auf Hass und Zank etc., kurz, zu einem christlichen Leben, das Gott die Ehre gibt.[57]

---

51 SCHWARZ, Briefe II, S. 18 f. u. S. 31-33. 1554 schrieb Calvin einen weiteren Brief an Hugenottinnen in Frankreich zur Stärkung ihres Glaubens: Briefe II, S. 53 f.
52 Ebd., S. 32.
53 SCHWARZ, Briefe II, S. 242.
54 Ebd., S. 278-280.
55 SCHWARZ, Briefe II, S. 270-273. Im Juni 1559 folgte ein Trostbrief an die Hugenotten in Frankreich für die nach einem verschärfenden Edikt Heinrichs II. zunehmenden Verfolgungen. Ebd., S. 275-278.
56 Ebd., S. 362-370.
57 Ebd. Bd. II, S. 418. Im selben Jahr 1562 ging ein Hirtenbrief Calvins an die Gemeinden im Languedoc. Ebd., S. 412.

Zahlreiche Briefe an Einzelpersonen in Frankreich enthalten individuelle Ratschläge und bezeugen das Einfühlungsvermögen Calvins in persönliche wie kirchliche Probleme. So beantwortete Calvin z.B. am 28. April 1556 in seinem Brief an einen unbekannten Hugenotten in Frankreich dessen Frage nach Geldverleih und Zins und die Frage, ob eine Ehefrau ihren Mann und ihre Kinder bei einer Flucht um des Glaubens willen verlassen dürfe, was Calvin in Sonderfällen zugestand.[58]

Er beließ es aber nicht nur bei allgemeinen Hirtenbriefen an die Hugenotten in Frankreich und individuellem Krisenmanagement, sondern versuchte daneben immer wieder, mit seinen geringen Möglichkeiten in die Räder der großen Politik einzugreifen.

Zwar bekannte er als 37jähriger noch 1547 in einem Schreiben an den spanischen Refugianten Francesco d'Encinas in Basel sein Unvermögen, die Weltlage zu beurteilen. Sie sei für ihn von dichter Finsternis umhüllt, er habe kein festes Urteil und wolle die Augen lieber verschließen für die Welt und allein auf Gott schauen.[59] In seiner *Institutio* IV, 20, 31 f. forderte er allgemein den passiven Widerstand des Christen, wenn die weltliche Macht sich gegen das Wort Gottes stellt, und sogar einen bewaffneten Kampf gegen Übergriffe der Fürsten. Calvins Briefe in den folgenden Jahren zeigen aber, wie der Reformator trotz seiner politischen Ohnmacht und seiner nur bedingten Kenntnisse der Vorgänge mit der Autorität seines Wortes Wirkung entfaltete. Er hatte als Réfugié entscheidenden Anteil daran, dass sich im Frankreich Heinrichs II. immer mehr protestantische Gemeinden bildeten, die in seinen mahnenden und tröstenden Briefen und Schriften, und insbesondere in seiner *Institutio Christianae Religionis* die Grundlagen ihres Glaubens fanden.

Trotz der Verfolgungen der Hugenotten unter Heinrich II. war etwa ein Sechstel der Bevölkerung in seiner Regierungszeit evangelisch geworden. An vielen Orten bildeten sich Kirchengemeinden. Sie wurden nach den Vorstellungen Calvins organisiert mit einer presbyterial-synodalen Kirchenordnung und von theologisch ausgebildeten Pfarrern betreut.[60] Diese absolvierten ihr Studium in Akademien, die u.a. in Die (Drômetal), Nîmes, Orthez und Saumur entstanden waren. Viele Studenten gingen nach der Gründung der Akademie im Jahr 1559 durch Calvin und Beza nach Genf. Calvin hatte seinen Freund Beza 1558 nach Genf geholt.

Calvin hatte erkannt, wie wichtig die Ausbildung von jungen Menschen zu Verkündigern der Botschaft des Evangeliums und für den Aufbau der reformierten Kirche war. Sie fehlten in vielen sich bildenden Gemeinden. In einem Brief an Bullinger vom 24. Mai 1561 schilderte der Reformator drastisch die Forderung nach reformierten Predigern in Frankreich: „*Von allen Seiten verlangt man Pfarrer von uns ... die Leute, die sie holen wollen, belagern meine Tür ... wir möchten nun zwar gern ihrem Wunsch entsprechen, aber wir sind ganz ausverkauft. Wir haben schon längst sogar aus den Handwerksstuben den letzten Mann aufbieten müssen, der auch nur ein wenig literarisch und theologisch gebildet erfunden wurde*". In einem weiteren Schreiben an Bullinger in Zürich vom 10. März 1562 klagte Calvin: „*Nichts hält den Fortschritt des Reiches Christi mehr auf, als der Mangel an Pfarrern.*"[61]

---

58 SCHWARZ, Briefe II, S. 140 f.
59 SCHWARZ, Briefe I, S. 278.
60 Zur protestantischen Kirchenorganisation in Frankreich siehe u.a. STRASSER-BERTRAND, S. 154-157.
61 SCHWARZ, Briefe II, S. 356 u. S. 399.

Johannes Calvinus. Öl auf Holz von Jannes Lübberts de Haan, 17. Jh. (vgl. Seite 78, Nr. 11.1)

Neben den Pfarrern für den inneren Aufbau der Gemeinden kame nach der Ansicht Calvins den deutschen protestantischen Fürsten eine Schlüsselrolle für die Entwicklung in den Hugenottengemeinden in Frankreich zu. Sie sollten ihren Glaubensbrüdern beistehen.

Deshalb sollte Calvins Vertrauter Beza zusammen mit Jean Budé 1557 nach Deutschland reisen, um die evangelischen Fürsten für eine Intervention bei dem französischen König zu gewinnen, nachdem mehr als 100 Hugenotten den Pariser Gemeinde überfallen, verhaftet und auf dem Weg ins Gefängnis von der Menge misshandelt worden waren.[62] Die Frauen im Gefängnis rief Calvin mit Verweis auf die Stärke und Festigkeit der Frauen beim Tod Christi zur Glaubenstreue auf.[63] Der Reformator war über die neuerlichen Verfolgungen der Hugenotten aufs Äußerste empört und schrieb an Jean Budé: *„Jetzt steht ganz Frankreich in Flammen."*[64]

In einem Brief vom 5. Oktober 1559 u.a. über die Verfolgungen in Frankreich klagte Calvin: *„In Paris ist der Fanatismus der Feinde des Evangeliums heftiger aufgeflammt als je."*[65] Trotz aller Drangsale der Hugenotten in Frankreich wuchsen die reformierten Gemeinden, so dass Calvin am 29. August 1558 an den Prinzenerzieher Wenzel Zuleger bei Kurfürst Friedrich III. von der Pfalz schreiben konnte: *„Die Gemeindlein, die über ganz Frankreich zerstreut sind, schützt Gott in wunderbarer Weise, ja mitten unter den furchtbaren Drohungen der Feinde lässt er sie wachsen, wie man es nie zu hoffen gewagt hätte."*[66] Zuleger war Anhänger Calvins und vertrat die reformierte Sache am Hof in Zweibrücken.

Krönender Abschluss der gemeindlichen Aufbauphase in Frankreich wurde die erste Nationalsynode der jungen Kirche, die 1559 in Paris stattfand. Dort wurde die *Confessio gallicana* als gemeinsames Glaubenbekenntnis beschlossen und die *discipline ecclésiastique* als Grundlage für die tragenden Ordnungen der Kirche. Calvin konnte an der Synode als Réfugié nicht teilnehmen. Er beeinflusste aber von Genf aus Inhalte und Formulierungen der Texte in wesentlichen Punkten.[67]

Calvin und die Führer der Hugenotten in Frankreich

Einer der angesehensten französischen Hugenotten war der Parlamentsrat Anne du Bourg (1521-1559). Sein Oheim amtierte seit 1535 als Kanzler von Frankreich, er selbst wurde 1557 als geistlicher Rat in das Pariser Parlament berufen und fand den Märtyrertod am Galgen und folgender Verbrennung am 23. Dezember 1559.

Calvin schilderte im Februar 1560 die Ereignisse in Paris in seinem Brief an Ambrosius Blarer (1492-1564) in Winterthur.[68] Die Parlamentsmehrheit in Paris sei den Protestanten im Land milde gesonnen. Deshalb sei König Heinrich II. persönlich zu einer Sitzung gekommen und habe strengeres Vorgehen gegen die protestantische Bewegung gefordert. Weil er sich für die Hugenotten eingesetzt habe, solle an Anne du Bourg ein Exempel statuiert werden. Er sei als Gefangener in die Bastille gebracht und hingerichtet worden. Calvin schrieb wörtlich: *„Der*

---

62 SCHWARZ, Briefe II, S. 188 u. S. 203-206.
63 Ebd., S. 192 f.
64 Ebd., S. 190. Vgl. den Trostbrief Calvins an die Pariser Gemeinde vom 16. September 1557, ebd., S. 192 u. den Brief an die gefangenen Hugenotten in Paris vom 15. Februar 1559, ebd. S. 255 f.
65 SCHWARZ, Briefe II, S. 282 f.
66 SCHWARZ, Briefe II, S. 237.
67 JAHR, S. 19.
68 SCHWARZ, Briefe II, S. 299 f.

aber, gegen den der König so ergrimmt war, ist vor kurzem verbrannt worden. Selbst seine Feinde preisen ihn als einen in jeder Hinsicht vortrefflichen Mann; er zeichnete sich durch ungewöhnliche Rechtskenntnis, große Begabung und treffendes Urteil aus; dazu war er von außerordentlicher Rechtschaffenheit." Anne du Bourg wurde zum ersten prominenten Märtyrer der Hugenotten in Frankreich.

Calvin und die Coligny-Brüder

Gaspard de Coligny, Herr von Châtillon (1519-1572), gehörte zu den angesehensten Heerführern in Frankreich. Katholisch erzogen, diente er zunächst in voller Loyalität dem französischen Königshaus. Wegen seiner Verdienste erhielt er 1552 den Titel „Admiral von Frankreich" und geriet nach der Schlacht von Saint-Quentin gegen die Spanier in Gefangenschaft (1557-1558). Zusammen mit seiner Ehefrau Charlotte de Laval wurde er zunächst in Fort de l'Ecluse, dann auf Schloss Gand festgehalten und 1558 gegen Lösegeld freigelassen.

In der Gefangenschaft wandte sich das Ehepaar auf Initiative der Ehefrau Charlotte Coligny dem reformierten Glauben zu. Calvin, der in Genf von dem Sinneswandel der Colignys erfahren hatte, bat am 4. September 1558 Charlotte Coligny um Stützung des im protestantischen Glauben noch schwankenden Ehemannes und schrieb am selben Tag einen einfühlsamen und zugleich aufbauenden Brief an den gefangenen Admiral.[69] Er riet ihm, in der Bibel zu lesen und so seinen Glauben zu festigen im *„Kampf mit den Versuchungen"* und sich der *„Hauptaufgabe zu widmen, die darin bestehe, Gott seine Huldigung darzubringen, sich ihm ganz hinzugeben und nach dem ewigen Leben zu streben"*.

Auch in der Zeit der Gefangenschaft der Colignys auf Schloss Gand richtete Calvin am 27. Februar 1559 einen Brief mit Mahnungen zu Geduld und Festigkeit im Leiden an die Ehefrau Charlotte. Dabei warnte der Reformator, nicht dem Drängen des erzkatholischen Connétable Anne du Montmorency (1493-1567), des Onkels Colignys, zur Rückkehr zur alten Lehre nachzugeben.[70] Coligny beherzigte die Mahnungen aus Genf und hielt auch nach der Freilassung aus der Haft am reformierten Glauben fest. Er wurde zu dem bedeutendsten Heerführer der Hugenotten in den ersten Religionskriegen.

Als der zum Calvinismus konvertierte Godefroy de Barry, Edelherr von La Renaudie, 1560 gegen den jugendlichen König Franz II. von Frankreich (1544-1560) und seinen Statthalter Franz von Guise (1520-1563) die Verschwörung von Amboise anzettelte, stellte sich der besonnene und erfahrene Coligny entschieden gegen das abenteuerliche Unternehmen, das dann auch am 17. März 1560 mit einer Niederlage der Protestanten endete. Calvin hatte zunächst geschwiegen und war von Coligny aufgefordert worden, sich in einer Druckschrift von der Verschwörung zu distanzieren und sich von dem Vorwurf zu reinigen, dem Verschwörungsvorhaben zugestimmt zu haben. Calvin begründete in einem Schreiben vom 16. April 1561 an Coligny seine zögerliche und vorsichtige Haltung. Er habe allen, die ihn fragten, seine grundsätzlich ablehnende Haltung gegenüber den Plänen zur Gewaltanwendung mitgeteilt, und er sei in jedem Fall gegen die Aktionen La Renaudies gewesen, den er *„als einen Menschen von großer Eitelkeit und Selbstüberschätzung"* gekannt habe. Calvin missbilligte

---

69 SCHWARZ, Briefe II, S. 239-241.
70 Ebd., S. 264 f.

gegenüber Coligny auch die [protestantischen] Exzesse in der Provence und einen protestantischen Aufstand in Lyon, von dem er gehört habe.[71]

In den Verworrenheiten der folgenden Auseinandersetzungen auf religiöser und politischer Ebene in Frankreich beriet Calvin im Schreiben vom 11. Juli 1561 Coligny und versuchte ihn mit theologischen Argumenten zu stärken: *„Überwinden Sie alles durch die Kraft dessen, der uns verheißen hat, dass unser Glaube die Welt überwinden soll."*[72]

1563, ein Jahr vor seinem Tod, schrieb Calvin ein letztes Mal zusammen mit Beza am selben Tag Briefe an den Admiral und seine Gattin. Als Kranker tröstete Calvin die kranke Charlotte de Coligny. Er sehe in der Krankheit eine Arznei, die von den Leidenschaften der Welt freimache und alles was überflüssig ist wegätze. In seinem Schreiben an Gaspard de Coligny geht es u.a. um eine Verteidigungsschrift Calvins für den Admiral, dem man fälschlicherweise Mitschuld an der Ermordung Franz von Guises (1519-1563) durch den Protestanten Jean de Poltrot (ca. 1537-1563) zugeschrieben hatte.[73] Das weitere Schicksal Colignys bis zu seinem Tod in der Bartholomäusnacht in Paris im August 1572 konnte Calvin nicht mehr verfolgen, weil er selbst 1564 starb.

Auch der ältere Bruder Odet de Coligny, Kardinal von Châtillon (1517-1571), wurde zu einem Anhänger der Reformation. Er war Erzbischof von Toulouse und Bischof von Beauvais und konvertierte als letzter der Brüder 1562/63 zum Calvinismus.[74] In Beauvais hatte er, wie in anderen Bistümern nicht üblich, Untersuchungen gegen die Mörder von Hugenotten eingeleitet, was Calvin in seinem Brief an Bullinger vom 24. Mai 1561 anerkennend berichtete.[75] Weniger positiv äußerte sich Calvin 1563 über die *„rote Mütze"* Odets. Der bereits 1561 zum reformierten Glauben konvertierte Kardinal hatte bei seiner Vorladung durch die Vertreter des Papstes in ironischer Manier den Kardinalshut noch einmal aufgesetzt und 1564 wieder bei seiner Hochzeit mit Isebelle Hauteville.[76] 1568 floh Odet mit hugenottischen Anhängern nach England, wurde 1571 von einem Diener vergiftet und in der Kathedrale von Canterbury begraben.

Der jüngste der Coligny Brüder, François de Coligny, Edelherr d'Andelot (1521-1569), war wie sein Bruder Gaspard Offizier und General der Infanterie im französischen Heer, mit dem er in Italien in den Kampf zog. Er hatte sich schon 1558 in Gegenwart König Heinrichs II. zum Protestantismus bekannt und war zu einer Gefängnishaft in Melun verurteilt worden. Calvin schrieb ihm einen Trostbrief, in dem er dem Gefangenen mitteilte, der Einsatz des Lebens für den höchsten König sei wertvoller als der Einsatz im Dienst eines irdischen Königs.[77] François de Coligny blieb seinem neuen Glauben treu und nahm an den Religionskriegen teil. Er warb in Hessen 3300 Reiter und 4000 Landsknechte als Söldner an und kämpfte mit Ihnen 1562 in der Schlacht von Dreux. Am 27. Mai 1569 starb er als erster der Brüder Coligny an einer fiebrigen Krankheit.

---

71 Ebd., S. 346-349.
72 Ebd., S. 359 f. Vgl. auch den Brief vom Mai 1561. Ebd., S. 352 f.
73 Ebd., S. 454-456.
74 Bei SCHWARZ, Briefe II, S. 454 wird Odet fälschlich als jüngster Bruder Gaspard de Colignys bezeichnet.
75 Ebd., S. 356.
76 Brief an Gaspard de Coligny vom 5. August 1563. SCHWARZ, Briefe II, S. 454.
77 SCHWARZ, Briefe II, S. 220-222.

Calvin, Louis I. de Condé und die Anfänge der Hugenottenkriege

In dem interessanten Zeitraum zwischen 1559 und 1562, als der Sieg der neuen Lehre in Frankreich möglich zu sein schien, nahm Calvin in seinen Gedanken, Gebeten und in seiner Korrespondenz intensiven Anteil an der französischen Politik. In diesen drei Jahren starben die Könige Heinrich II. (1559) und Franz II. (1560). Die Protestanten konsolidierten sich als Kirche auf der ersten Nationalsynode 1559 in Paris und schafften den Durchbruch zu einer auch politisch und militärisch einflussreichen Partei. An dieser Entwicklung hatte auch Louis I. von Condé seinen Anteil.[78]

Der Onkel König Heinrichs IV. von Frankreich, 1530 in Vendôme geboren, begründete das angesehene Haus Condé. Als Feldherr kämpfte er 1552 für die französische Krone vor Metz und 1557 in der Schlacht bei St.-Quentin. Nach seiner Konversion zum reformierten Glauben war er der unumstrittene militärische Führer der Protestanten. Er starb 1569 in der Schlacht von Jarnac.

Louis Condé war beteiligt an der Vorbereitung der sogenannten Verschwörung von Amboise, die unter La Renaudie kläglich scheiterte, die Calvin verurteilte und an der sogar 60 Soldaten aus Genf teilgenommen hatten. Am 11. Mai 1560 informierte der Genfer Reformator seinen Mitstreiter Petrus Vermigli in Zürich über den Misserfolg und konstatierte, dass eine *„unklug begonnene Sache noch unklüger weitergeführt worden"* sei. Jede Gewaltanwendung sei abzulehnen, weil Blut dann ganz Frankreich überfluten würde.[79] Am selben Tag ging ein Schreiben aus Genf an Bullinger in Zürich, dem Calvin ebenfalls mitteilte, dass er wegen der Gefährdung der evangelischen Sache durch die Militäraktion in Amboise an der Loire seinen *„ganzen Einfluss eingesetzt habe"*, das Vorhaben zu verhindern. Ein weiteres Schreiben vom 28. Mai 1560 hatte neben anderen Punkten einen ähnlichen Inhalt.[80] Calvin war offenbar sehr daran gelegen, sein Verhalten zu erläutern und zu rechtfertigen.

Er suchte aber auch Bundesgenossen gegen die Partei der Guise, denen mit der Verschwörung von Amboise *„ein gewisser Schrecken eingejagt worden"* sei. Deshalb schrieb Calvin am 4. Juni 1560 an seine Straßburger Freunde, den Theologen Johann Sturm (1507-1589) und den Juristen und Réfugié François Hotman (1524-1590). Er bat sie, sich *„um Hilfe von außen"* einzusetzen. Die deutschen Fürsten sollten eine Botschaft an den [französischen] König senden, in denen sie teils bittend, teils mahnend für eine *„Reinigung und Neuordnung der kirchlichen Zustände"* eintreten sollten. Man müsse vor allem die Zustimmung der Königinmutter [Katharina von Medici] erreichen. Dieses sei erreichbar, wenn sie erkenne, dass es zu ihrem und ihrer Kinder Vorteil sei. Calvin fügte dem Brief einen geschickt formulierten Entwurf für ein Memorandum an den König von Frankreich bei.[81]

Die lothringischen Guise suchten im Gegenzug ihren mömpelgardischen Nachbarn Herzog Christoph von Württemberg, Graf von Montbéliard (1515-1568), für ihre Seite zu gewinnen. Calvin übersandte am 1. und 31. Oktober 1560 an Heinrich Bullinger in Zürich zwei informa-

---

78 STRASSER-BERTRAND.
79 SCHWARZ, Briefe II, S. 302 f.
80 Ebd., S. 303 f. u. S. 303 f. In der Schwarz'schen Briefausgabe fehlt der Passus über die Verschwörung von Amboise.
81 Ebd., S. 306-308.

tive und ausführliche Brief zur Weltlage und ein französisches Büchlein, aus dem Bullinger ersehen könne, wie jammervoll die Lage Frankreichs sei.[82] Ein Bürgerkrieg drohte.

Am 30. Oktober 1560 trafen Antoine de Bourbon, König von Navarra, und sein Bruder Louis Condé in Orléans mit dem französischen König Franz II. zusammen. Der Führer der Hugenotten Condé wurde verhaftet. Nach der Meinung Calvins war er trotz seiner Warnungen ins Verderben gelaufen, kam aber nach dem plötzlichen Tod von Franz II. im Dezember 1560 wieder frei. Katharina von Medici übernahm die Regentschaft für den erst zehnjährigen Thronnachfolger Charles IX. (1550-1574) und sicherte sich die Unterstützung der hugenottischen Partei gegen die übermächtigen Guise.[83]

Calvin begleitete die aufregenden Ereignisse mit Ratschlägen aus der Ferne und informierte in seinen Briefen Freunde und Gesinnungsgenossen. Dem einflussreichen Antoine de Bourbon sandte er sogar einen Ratgeber und mahnte ihn in einem Brief vom 16. Januar 1561, für die evangelische Partei tapfer einzutreten.[84]

Positive Aspekte für Calvin und die Hugenotten in Frankreich brachte die Rückkehr von Renata von Ferrara (1511-1575) im September 1560 in ihr Heimatland Frankreich. Calvin bat die langjährige Vertraute, die nach dem Tod ihres katholischen Ehemanns Ercole von Ferrara ganz in das evangelische Lager übergetreten war, am 16. Januar 1561 um Unterstützung der Hugenotten in Frankreich und um Einwirken auf ihren Schwiegersohn Franz von Guise, die Verfolgung zu mäßigen.[85] Diese Bitte blieb nicht ungehört. Renata setzte sich für ihre Glaubensfreunde ein und bot ihnen Zuflucht auf Schloss Montargis, ihrem Witwensitz, das während der Religionskriege zur „Herberge Gottes" wurde. Renata hatte mit François de Morel einen eigenen Hofprediger, den ihr Calvin nach Ferrara geschickt hatte, und nahm auf reformierter Seite am Kolloquium von Poissy teil.[86]

Anfang 1561 schienen die politischen Konstellationen für die Reformierten in Frankreich günstig zu sein. Viele Franzosen gingen zum neuen Glauben über. Dann kam der Rückschlag mit dem Dreierbund der Katholiken Franz von Guise (1519-1563), Anne de Montmorency (1493-1567) und Marschall Saint-André (1505-1562), der am 6. April 1561 in Fontainebleau geschlossen wurde.[87] Schon vorher hatte der katholische Montmorency wieder die Gnade der Königin gefunden, die sich im Februar 1562 beim Rat der Stadt in Genf beschwerte, das Entsenden von evangelischen Predigern habe zu den Unruhen in Frankreich geführt.[88]

Katharina von Medici wollte zwischen den Parteien vermitteln, um einen drohenden Religionskrieg zu verhindern. Deshalb lud sie katholische und protestantische Theologen zu einem ausgleichenden Religionsgespräch ein, das in Poissy (Île-de-France) vom 9. September bis

---

82 Ebd., S. 321-324 u. S. 327 f. In den Briefen kommt Calvin auch auf die Rolle der Guise und der Bourbonen und Condé zu sprechen.

83 Siehe die Schreiben Calvins an Bullinger vom 4. Dezember 1560, an Sulzer in Basel vom 11. u. 16. Dezember, an Sturm in Straßburg vom 16. Dezember und an einen Berater am Hof des Königs von Navarra im Dezember 1560. SCHWARZ, Briefe II, S. 333–337; siehe auch STRASSER-BERTRAND, S. 145.

84 SCHWARZ, Briefe II, S. 337. Im Mai 1561 mahnte Calvin Antoine de Bourbon erneut und diesmal eindringlicher, sein leichtfertiges Leben aufzugeben, weil er sich in eine Hofdame Katharina von Medicis verliebt hatte, was die Regentin begünstigte, um Antoine von der Politik abzuhalten, ebd., S. 353-355.

85 Ebd., S. 339 f.

86 Am 10. Januar 1562 beriet Calvin Prediger François de Morel für die in Gien versammelte Provinzsynode zu Fragen des Zinsnehmens, des Eides und der Mitgliedschaft von Richtern und Polizeibeamten in Synoden; ebd., S. 393 f.

87 STRASSER-BERTRAND, S. 145.

88 So Calvin in einem Brief vom 1. Februar 1561 an Bullinger. SCHWARZ, Briefe II, S. 340-342.

zum 19. Oktober 1561 stattfand. Calvin war nicht dabei. Er sei nicht eingeladen worden, schrieb er am 1. Oktober 1561 an Beza.[89] Wahrscheinlich waren sein schlechter Gesundheitszustand und seine pessimistische Einschätzung der Erfolgsaussichten der Protestanten in der Disputation mit den katholischen Delegierten die Ursachen für seine Nicht-Teilnahme.[90] Er entsandte aber seinen engsten Mitarbeiter Theodore Beza und den Zürcher Peter Vermigli nach Poissy, die er in seinem Sinne instruierte und mit denen er Kontakt hielt. Die politischen Führer der Hugenotten, Antoine de Bourbon, Louis de Condé und Admiral Coligny, befürworteten die Teilnahme von Beza und Vermigli an dem Kolloquium.[91]

Zu einer Einigung mit der katholischen Seite konnte das Religionsgespräch nicht führen. Es hatte aber einen für die evangelische Seite bedingt positiven Ausgang, weil die Gespräche in Gegenwart der Königin Katharina Medici zu einer Koexistenz der beiden Konfessionen führte. Calvin lobte Beza für seine Rede, die er in Poissy gehalten hatte, sorgte sich aber um seine Gesundheit und scherzte sogar mit ihm.[92] In Briefen vom 15. und 21. Oktober fuhr der von Krankheiten geplagte Calvin fort, Beza für seinen Auftrag in Poissy zu beraten und forderte von ihm, auf jeden Fall darauf zu bestehen, *„dass die Gläubigen eine befriedigende Freiheit erhalten"*. Beza gelang es, vom Hof in Paris für die Hugenotten Versammlungsfreiheit zu erwirken.[93]

Das Jahr 1561 schloss für Calvin und sein Eintreten für die Reformierten in Frankreich mit einem scharfen, sehr offenen „Weihnachtsbrief" vom 24. Dezember 1561 an Antoine von Bourbon, König von Navarra. Noch heute ist die „Strafrede" über die Politik des Königs lesenswert, weil sie zeigt, wie Calvin mit theologischen Argumenten und Bibelzitaten den Schwankenden eindrucksvoll an seine Pflicht erinnerte.[94]

Im Januar 1562 wurden in Paris im Parlament die Verhandlungen von Poissy fortgesetzt. Beza blieb deshalb in Frankreich. Das vom französischen Kanzler Michel de l'Hopital (1505-1573) im Januar 1562 im Pariser Parlament durchgesetzte Januar-Edikt regelte, dass die zunächst unbeschränkte Versammlungsfreiheit für Hugenotten nur außerhalb der Städte in den *„faubourgs"* gelten sollte. Darüber war Calvin sehr in Sorge, wie er unter dem Pseudonym Carolus Passelius am 11. Februar 1562 an Beza schrieb.[95] In seinem Brief vom 16. März 1561 an Vermigli in Zürich schlug Calvin im Nachgang des Konzils von Poissy vor, einen gemeinsamen Einspruch der Reformierten an den französischen Hof zu schicken.[96] Im großen Ganzen schien jedoch Anfang 1562 die Anerkennung der Hugenotten in Frankreich gesichert zu sein bei einer faktischen Koexistenz der beiden Konfessionen.[97]

Das sollte sich jedoch schlagartig ändern durch eine äußerst feindselige Aktion François von Guises. Auf der Rückreise von seinem deutschen Bundesgenossen, dem lutherischen <u>Herzog Christoph</u> von Württemberg, ließ er seine Truppen in Wassy in der Champagne am

---

89 SCHWARZ, Briefe II, S. 380.
90 Ebd., S. 385 f.
91 Sie baten Calvin um ihre rechtzeitige Entsendung. Brief an Sulzer in Basel vom 23. August 1561.
92 SCHWARZ, Briefe II, S. 377 f. u. S. 380 f.
93 SCHWARZ, ebd. S. 386 f. u. S. 388 f.
94 Antoine von Bourbon hatte dem Papst angeboten, für die katholische Kirche in Frankreich einzutreten, wenn er Hilfe aus Rom für die Wiedererlangung seiner spanischen Besitzungen erhielte, SCHWARZ, Briefe II, S. 391–393.
95 In einem weiteren Brief machte Calvin Beza Vorwürfe, dass er in Poissy zu sehr mit alten Argumenten der Kirchenväter debattiert habe. SCHWARZ, Briefe II, S. 394-397.
96 Ebd., S. 401.
97 STRASSER-BERTRAND, S. 145.

Sonntag, dem 1. März 1562 die in einer Scheune zum Gottesdienst versammelten Hugenotten überfallen und töten. Das Blutbad von Wassy polarisierte erneut die Religionsparteien. In Paris wurde Herzog Guise jubelnd empfangen, im evangelischen Lager bereitete man sich auf militärischen Widerstand vor.

Calvin urteilte in einem Brief vom 25. März 1562 an Johannes Sturm, Wassy sei eine Kurzschlussreaktion der Guise, die nach den Zugeständnissen des Hofes an die Hugenotten jetzt deren Freiheiten wieder nehmen wollten. Er bat Sturm, die deutschen Fürsten zum Eingreifen und zur Hilfe zu rufen.[98] Das geschah auch. Deutsche Hilfskontingente unterstützten den hugenottischen Feldherrn Louis de Condé in der Schlacht bei Dreux am 19. Dezember 1562, bei der Condé in Gefangenschaft geriet, aber bald wieder freikam und 1563 das Edikt von Amboise aushandelte. Es wurde von Katharina von Medici unterzeichnet, die den Hugenotten gewährte Freiheiten weiterhin einschränkte.

Am 13. September 1563 schrieb Calvin zusammen mit Beza den letzten erhaltenen Brief an Louis de Condé. Die beiden Genfer ermahnten den Prinzen – wie schon vorher – zu einem solideren Lebenswandel, weil „*Liebschaften mit allerlei Damen*" seinem Ansehen schadeten. Sie baten ihn, sein Bekenntnis zum reformierten Protestantismus zu unterschreiben.[99] Louis von Condé war ein tüchtiger Feldherr. In Sachen Religion und Moral ließ sein Verhalten manches zu wünschen übrig. Louis starb im dritten Religionskrieg in der Schlacht von Jarnac.

Sein Bruder Antoine de Bourbon hatte die Seiten gewechselt und verlor als Generalleutnant der königlichen Armee bei der Belagerung von Rouen am 17. November 1562 in Les Andelys das Leben. Der zwischen Katholiken und Protestanten hin- und herschwankende Charakter hat Calvin im fernen Genf manche Probleme bereitet. Seine Ehefrau Jeanne d'Albret (1528-1572) dagegen war im Gegensatz zu ihm ihr Leben lang eine überzeugte Hugenottin.[100] Nach dem Tod ihres Ehemannes führte sie trotz Bedrängnis seitens des spanischen Königs als Regentin die neue Lehre im Königreich Navarra ein. Calvin schickte ihr den Genfer Pfarrer Jean Raymod Merlin (†1578) nach Nérac und zwölf weitere reformierte Pfarrer, die Calvin in seinem Schreiben vom 1. Juni 1563 ankündigt hatte.[101] Sie sollten der Regentin bei der Reformierung des Landes zur Seite stehen.

Ihr Sohn Heinrich IV. (1553-1610) wurde als erster Bourbone 1593 König von Frankreich. Ihm widmete Calvin mit seinem Brief vom 31. Juli 1563 über die Tugenden und Pflichten des Prinzen seinen Genesis-Kommentar. Er verwies Heinrich auf seine Mutter als Vorbild und empfahl dem 10jährigen Prinzen die Lektüre seines Buches.[102] Weitere Briefe Calvins an den Hoffnungsträger der Hugenotten in Frankreich haben sich nicht erhalten. Der Reformator starb im Folgejahr 1564.

---

98 SCHWARZ, Briefe II, S. 402 f.
99 Ebd., S. 459 f. An Bullinger schrieb Calvin am 24.5.1561, der König von Navarra sei „träge und wetterwendisch", nur auf Coligny sei Verlass.
100 Siehe LAMBIN.
101 Gleichzeitig erinnerte Calvin Jeanne d'Albret an die Rückzahlung von Schulden, die ihr Ehemann in Genf hatte, SCHWARZ, Briefe II, S. 441 f. Vgl. die früheren Briefe Calvins an sie: ebd., S. 338 f., S. 390 u. S. 426-428.
102 Calvin gestand allerdings ein, dass die theologische Schrift die Fassungskraft des jungen Heinrich übersteige, ebd., S. 450-453.

Calvin-Porträt von Louise Henry (vgl. Seite 81, Nr. 11.10)

Calvin und die Waldenser

Auf der Synode von Chanforan 1532 beschlossen die Waldenser in den piemontesischen Tälern den Anschluss an die Genfer Reformation. Dieser Vorgang ging nicht ohne Verwerfungen ab. Viele Waldenser gaben ihren alten Glauben nur widerstrebend auf. Erst Jahre später war die Reformation in den Waldensertälern vollendet. Für die Zeit des Übergangs sollte die von den Waldensern selbst in Auftrag gegebene und bezahlte französische Bibelübersetzung des Pierre Robert Olivetan (1506-1538) dienen, der ein Verwandter Calvins aus Noyon war. Olivetan hatte zusammen mit Farel an der Synode von Chanforan teilgenommen und dort den Übersetzungsauftrag erhalten. Die Bibel erschien am 4. Juni 1535 mit einem ausführlichen Vorwort Calvins, in dem er seine theologischen Auffassungen erläuterte, um den Waldensern Wegweisungen für ihren neuen Glauben zu geben.[103]

Calvin tat ein Übriges. Auf der Rückreise von Renata von Ferrara im Frühjahr 1536 machte er in den Waldensertälern Zwischenstation. Calvin predigte, debattierte, versprach reformierte Prediger zu schicken und gewann das Vertrauen seiner neuen Anhänger.

Aus Basel, wo Calvin 1536 die erste Auflage seiner *Institutio* vollendete, schrieb der junge Reformator am 11. September 1536 an den Pfarrer Christophe Fabri in Bole über seine verzögerte Arbeit an einer Sonderausgabe des Neuen Testaments der im Vorjahr erschienen Olivetan-Bibel, die dann auch vollendet wurde.[104]

Auch in seinem späteren Leben fühlte sich Calvin mit dem Schicksal der Waldenser, dem „Israel der Alpen", eng verbunden. 1540 erließ das Parlament von Aix-en-Provence ein *Dekret von Mérindol*, das die Einwohner von Mérindol zum Tode verurteilte, weil sie sich gegen die ständigen Verfolgungen gewehrt hatten.

Französische Truppen fielen 1545 in die Stadt im Luberon ein und verübten unter den Waldensern ein Massaker, dem auch Frauen und Kinder zum Opfer fielen.[105] In dem Brief Calvins vom 4. Mai 1545 schrieb er mit Entsetzen an Farel, wie er durch Boten von den verübten Gräueltaten gehört habe. Um nicht untätig zu bleiben, hatte sich Calvin vom Genfer Rat beauftragen lassen, die Schweizer Kirchen zu besuchen, um Verständnis und Hilfeleistung für die verfolgten Menschen einzufordern. Der oft als gefühllos gescholtene Calvin schloss seinen Brief mit einem persönlichen Bekenntnis: *„Ich schreibe ganz erschöpft vor Traurigkeit, unter Weinen, das mir zuweilen so hervorbricht, dass ich aufhören muss, zu schreiben."*[106] In seiner 1545 erschienenen Schrift *Contre la secte phantastique* pries Calvin die Waldenser und betonte, dass sie mit *„Einfalt des Herzens der reinen Lehre des Evangeliums"* folgten.[107]

Am 28. Mai 1545 berichtete Calvin an Viret in Lausanne von den Ergebnissen einer Reise, die ihn nach Bern, Zürich, Basel, Schaffhausen und Straßburg geführt hatte. Eine von den Zürichern nach Aarau einberufene Konferenz entsprach nicht dem Wunsch Calvins, sofort eine Gesandtschaft an den französischen König zu schicken, um für die Verfolgten einzutreten, man wolle zunächst ein Schreiben in dieser Sache nach Paris gehen lassen. In weiteren Schreiben an Viret vom 2. Juni 1545 und an Bullinger in Zürich verteidigte Calvin die Glaubwürdigkeit der Waldenser, denen man fälschlich vorgeworfen hatte, sie hätten sich geweigert,

---
103 Calvin, Studienausgabe, Bd. 1,1, S. 35-57.
104 Ebd., S. 27. SCHWARZ, Briefe I, S. 20 f.
105 Im Zusammenhang mit dem Überfall auf Merindol wurde das Wort „massacre" zum ersten Mal in unserem heutigen Sinn gebraucht.
106 SCHWARZ, Briefe I, S. 216. Zum Massaker in Merindol siehe AUBÉRY.
107 DE LANGE, S. 69.

den Zehnten zu zahlen. Das sei *„durchaus nicht der Grund der entstandenen Verfolgung"*. Nach einer Intervention der Deutschen habe der [französische] König zugesagt, einen Kommissar zu Untersuchung der geschehenen Massenmorde zu schicken. Calvin blieb skeptisch und äußerte seine Meinung, man müsse den Waldensern weiterhin Hilfeleistungen zukommen lassen. Am 9. September 1545 sandte er zwei Waldenserflüchtlinge, die nach Genf gekommen waren, weiter zu Viret in Lausanne, die ihn informieren sollten über Widerstände gegen Hilfeleistungen. Calvin beklagte sich u.a. über die *„epikuräischen"* Schweizer, die nur an ihre Ruhe dächten.[108]

Auch in den folgenden Jahren blieb Calvin den Waldensern gewogen. 1555 sandten Calvin und seine Genfer Mitbrüder die Prediger Jean Vernou und Jean Lauvergeat in die piemontesischen Täler, um die Reformation dort voranzutreiben. In den Jahren 1556 und 1557 folgten weitere Pfarrer.[109] Am 4. Juni 1556 beklagte Calvin gegenüber Farel den Verlust eines Briefes, den ein Waldenserbote überbringen sollte.[110]

Die angespannte Lage wird deutlich, weil den Waldensern eine neue Verfolgungswelle drohte, gegen die sie sich mit Waffen wehren wollten und in Genf um Rat fragten. Am 7. Oktober 1557 musste Calvin Bullinger in Zürich mitteilen, dass die Waldenser in den Tälern von zwei Seiten bedrängt wurden, von den Gerichtshöfen in Turin und in Grenoble, weil zwei Täler zu Frankreich gehörten. Außerdem bedankte sich Calvin bei Bullinger, dass er seinen Kommentar zur Offenbarung des Johannes den Réfugiés in Genf gewidmet und damit Mitgefühl für deren Schicksal gezeigt habe.[111]

Der bewaffnete Widerstand der Waldenser blieb nicht ohne Erfolge. Verschiedene militärische Strafexpeditionen des savoyischen Herzogs in die Täler blieben ohne nachhaltige Wirkung. Über die Tapferkeit der Waldenser, die politischen Hintergründe und Verschiebungen und die 1561 den Waldensern zugestandene eingeschränkte Religionsfreiheit berichtete Calvin an den 70-jährigen Pfarrer Johannes Lening (1491-1566).[112]

Noch einmal setzte sich Calvin drei Jahre vor seinem Tod für die waldensischen Talleute ein. 1561 kamen aus dem Angrognatal und benachbarten Tälern Boten, die in Genf um Hilfe werben wollten. Calvin bat die Pfarrer in Zürich, den Waldensern ihren militärischen Widerstand nicht negativ anzulasten und zu helfen. In Genf war nur eine kleine Hilfssumme zusammengekommen, weil ein Drittel der Réfugiés nicht mehr in der Stadt [also weitergezogen] war. Die Genfer hatten aber eine Anleihe von 4000 Kronen aufgenommen, um die Waldenser zu unterstützen. Zürich sollte nun das Seine tun und die Waldenserboten gegebenenfalls noch weiter nach Schaffhausen schicken.[113] Mit dieser letzten Liebestat verabschiedete sich der Genfer Reformator aus dem Leben der Waldenser, die er immer gern unterstützt hatte.

Calvins Einsatz für die Märtyrer von Lyon

Nach der Regierungsübernahme in Frankreich 1547 durch den Bourbonen Heinrich II. verschärften sich die Verfolgungsmaßnahmen gegen die Hugenotten im Lande, die man der Ketzerei bezichtigte, aburteilte und bei lebendigem Leibe verbrannte. Der sich über einen längeren

---

108 SCHWARZ, Briefe II, S. 217, S. 221 f., S. 225 f.
109 DE LANGE, S. 67.
110 SCHWARZ, Briefe II, S. 145 f.
111 Ebd., S. 195.
112 Ebd., S. 345 f.
113 SCHWARZ, Briefe II, S. 360.

Zeitraum hinwegziehende Prozess gegen fünf Theologiestudenten aus Lausanne erregte besondere Aufmerksamkeit, in Frankreich, aber auch in den Schweizer Kantonen.

Die Theologiestudenten Martial Alba, Pierre Escrivain, Bernard Seguin, Pierre Navières und Charles Favre hatten im Frühjahr 1552 ihr Studium in Lausanne abgeschlossen. Sie wurden auf dem Weg zurück in ihre Heimat mutmaßlich von einem Verräter nach Lyon eingeladen und dort am 1. Mai 1552 verhaftet und dem Ketzergericht vorgeführt, das die Todesstrafe verhängte.[114] In der Folgezeit setzten sich Gesinnungsgenossen für die Gefangenen ein. Die Schweizer Kantone Basel, Bern, Schaffhausen und Zürich appellierten an König Heinrich II. und baten um Freilassung der Studenten. Auch das Parlament in Paris als höchstes Berufungsgericht des Landes wurde zugunsten der Studenten angerufen. Am 18. Februar 1553 bestätigte das Parlament jedoch das Todesurteil der Lyoner Ketzerrichter.

Unter den Sympathisanten der fünf jungen französischen Theologen war auch Johannes Calvin, an den die Verhafteten wöchentlich Berichte sandten.[115] Schon kurz nach ihrer Festnahme schrieb der Reformator ihnen am 10. Juni 1552 einen ermutigenden Brief: *„wie es auch gehe, wir hoffen, dass Gott eurer Gefangenschaft einen glücklichen Ausgang gibt."*[116] Bald wurde Calvin jedoch deutlich, dass alle Rettungsversuche vergeblich waren und an der Hartnäckigkeit des Ketzergerichts scheitern mussten. Deshalb redete er in seinem zweiten Brief an die Studenten vom 7. März 1553 nicht mehr von einer möglichen Rettung. Jetzt ermahnte er sie zum Ausharren in ihrer schwierigen Lage: *„Ich bin ganz sicher, dass nichts die Kraft ins Wanken bringt, die er [Gott] in Euch gelegt hat."*[117] Nach der Ablehnung eines Gnadengesuchs des Berner Rats durch König Heinrich II. tröstete Calvin die tapferen jungen Theologen ca. drei Wochen vor ihrem Feuertod am 16. Mai 1553 mit seinem Brief vom 22. April.[118] Diese Zeilen an die Märtyrer von Lyon sind in ihrer innigen Anteilnahme an dem Schicksal der Todgeweihten ein bewegendes Zeugnis der seelsorgerischen Vollmacht Calvins.

Sie zeigt sich auch in dem Trostbrief, den Calvin am 7. Juli 1553 an weitere Vertreter der protestantischen Sache, an Denis Peloquin und den hugenottischen Edelmann Louis de Marsac schrieb.[119] Peloquin hatte von dem Genfer Reformator ein Glaubensbekenntnis erbeten, um sich besser verteidigen zu können. Calvin verwies Peloquin und Marsac an die durch Gottes Geist gewirkten eigenen Worte und bekannte, dass er von einem anderen evangelischen Blutzeugen ein Glaubensbekenntnis zur Durchsicht bekommen habe, dessen Authentizität er keinesfalls ändern wollte. Calvin dachte, *„jede Änderung könne nur das Ansehen und damit die Wirksamkeit dieser Weisheit und Standhaftigkeit mindern."*[120]

Louis de Marsat erlitt am 2. September 1553 und Denis Peloquin in Villefranche am 11. September 1553 wie die fünf jungen Theologen in Lyon den Feuertod. Am 15. Juli 1553 bzw. am

---

114 Ein sechster Student in ihrer Begleitung wurde wieder freigelassen, weil er aus Morges im Waadtland stammte und Bürger des Kantons Bern war.
115 SCHWARZ, Briefe I, S. 466.
116 SCHWARZ: Die hugenottischen Märtyrer von Lyon, S. 31.
117 Ebd., S. 48.
118 Ebd., S. 57-60.
119 Ebd., S. 74-76.
120 Ebd.; S. 75.

Zeitschrift: Le Ralliement. Organe des membres et amis de l'Eglise réformée française de Francfort s/M., 9. Jg., Nr. 5 1909 (vgl. Seite 74, Nr. 10.4)

7. Juli 1554 folgte ihnen in Lyon Matthieu Dymonet und der Goldschmied Richard Lefèvre aus Rouen in den Tod, die Calvin ebenfalls mit einem Brief für das Martyrium gestärkt hatte.[121]

Calvin und Frankfurt am Main
Obwohl er die deutsche Sprache nicht beherrschte, ist Calvin zweimal in Frankfurt am Main gewesen. Zum ersten Mal vom Straßburg aus von Ende Februar bis Mitte April 1539 und dann wieder für zwei Wochen im September 1556.[122] Er erwies damit einer Stadt die Reverenz, die wie keine zweite schon im 16. Jahrhundert zu einem Zufluchtsort und Sammelbecken protestantischer Glaubensflüchtlinge wurde.

1539 fand in Frankfurt am Main der *„Frankfurter Konvent"* mit Vertretern der deutschen Reichsstände und Vertretern der alten Kirche statt. Auf Initiative Kaiser Karls V. sollten die religiösen Diskrepanzen und die daraus resultierenden politischen Gegnerschaften im klärenden Gespräch überwunden werden. Dem Kaiser lag an einer Unterstützung der protestantischen Fürsten im Kampf gegen die Türken. Das Ergebnis des Religionsgesprächs war eine temporäre Übereinkunft der Protestanten des Schmalkaldischen Bundes und der Katholiken in Gegenwart des kaiserlichen Unterhändlers Held.

Martin Bucer, der vor Calvin in Frankfurt war, und andere Teilnehmer der protestantischen Seite waren mit dem Ergebnis wenig zufrieden. Bucer war es auch, der Calvin in einem Brief noch nach Beginn des Konvents zur Reise nach Frankfurt am Main aufforderte. Calvin entschloss sich aus zwei Gründen, dem Ruf Bucers Folge zu leisten: Er wollte Melanchthon kennen lernen, um mit ihm *„über Religion und Kirche"* zu sprechen, und er wollte versuchen, sich bei den deutschen protestantischen Fürsten für die Brüder in Frankreich einzusetzen. Das hatte Bucer bereits vergeblich versucht.[123]

In seinem Brief aus Frankfurt vom 16. März 1539 an den Freund Guillaume Farel berichtete Calvin, wer von den protestantischen Fürsten an dem Konvent teilnahm, und über das Hin und Her der schwierigen Verhandlungen. Nachdem zunächst Krieg der Religionsparteien gegeneinander unvermeidlich schien, kam es dann doch auf dem Hintergrund der allen drohenden Türkengefahr zu einem Waffenstillstand und friedlichen Vergleich, den Calvin allerdings mit Skepsis bewertete.

In einem weiteren Brief an Farel berichtete Calvin von seinen Gesprächen *„über vielerlei"* mit Melanchthon, die weitgehende Übereinstimmung auch in der Abendmahlsfrage erbrachten, allerdings mit der Einschränkung Melanchthons, dass die Lutheraner nicht alle so dächten wie er, sondern *„etwas Handfesteres"* verlangten.[124] Calvin sah in unterschiedlichen Gottesdienstordnungen der Anhänger Luthers und der Reformierten keinen unumstößlichen Grund gegen eine Einigung im protestantischen Lager. Er konnte sich aber dem Argument Melanchthons nicht anschließen, in *„stürmischer Zeit"* die *„innern Übelstände"* der protestantischen Bewegung hintanzustellen.

Mit seinem Plan, zugunsten der Hugenotten eine Gesandtschaft an Franz I. von Frankreich zu senden, hatte Calvin nichts erreichen können, weil diese Thematik am Ende des Konventes

---
121 SCHWARZ, Briefe I, S. 462 f. u. S. 397-399. Siehe auch den Brief Calvins an Farel vom 19. Juli 1553, in dem er über die Hinrichtung Dymonets berichtet, ebd., S. 481.
122 Siehe STOLK u. BAUER.
123 SCHWARZ, Briefe I, S. 62-65.
124 Ebd., S. 65-67.

verhandelt werden sollte, nachdem Calvin schon abgereist war. Der Einsatz des Franzosen Calvin für seine Glaubensbrüder in Frankreich blieb so vergeblich, wie die Bucer'sche Intervention. Franz I. konnte die Unterdrückungsmaßnahmen gegen seine protestantischen Untertanen ungehindert fortsetzen. Bei den anschließenden Religionsgesprächen in Hagenau, Worms und Regensburg setzte Calvin beharrlich seine Bemühungen um die französischen Hugenotten fort.[125]

Einen erneuten Kontakt Calvins mit Frankfurt am Main ergab sich 1553 im Zusammenhang mit Michael Servet. Dessen am 3. Januar 1553 unter dem Pseudonym M.S.V. in Vienne gedruckte Schrift *Christianismi restitutio* war in mehreren Exemplaren zur Frankfurter Frühjahrsmesse gekommen. Calvin forderte mit Schreiben vom 27. August 1553 die Frankfurter Pfarrer auf, die Verbreitung des Buches zu verhindern.[126]

Die zweite Reise des Genfer Reformators in die Stadt am Main erfolgte nach der Gründung der dortigen französisch-reformierten Gemeinde im Jahr 1554.[127] 24 wallonische Flüchtlingsfamilien, zumeist Bursatweber, waren zusammen mit ihrem Prediger Valérand Poullain (1520-1557) über Glastonbury in England, Antwerpen, Wesel und Köln nach Frankfurt am Main gekommen. Die Bittschrift des Pfarrers an den Rat war erfolgreich.[128] Am 18. März 1554 erteilten die Ratsherren den Flüchtlingen mit ihrem Pfarrer das Recht, sich in Frankfurt niederzulassen.[129] Weil sie in den Ruf kamen, Wiedertäufer zu sein und eine falsche Abendmahlslehre zu vertreten, ließ Poullain sein schon in England verwendetes Glaubensbekenntnis *Liturgia Sacra* bzw. *Professio fidei catholica* drucken und dem Rat übergeben.[130]

Der angesehene Frankfurter Patrizier Johann von Glauburg (1503-1571) setzte sich für die Aufnahme der wallonischen Flüchtlinge ein, weil er sich von ihnen Vorteile für die wirtschaftliche Prosperität versprach. Poullain wohnte fortan im Weißfrauenkloster; die Gemeinde feierte ihre Gottesdienste in der dazugehörigen Weißfrauenkirche.[131]

Bevor Poullain nach Frankfurt am Main kam, war er als zweiter Nachfolger Calvins 1544-1545 Pfarrer der französisch-reformierten Gemeinde in Straßburg gewesen und hatte dort in jeden Sonntagsgottesdienst den berühmten Vorgänger in das Fürbittengebet eingeschlossen.[132] Wie Calvin hatte Poullain Mathurin Cordier als Lehrer. Zusammen mir Bucer musste Poullain wegen des Interims 1548 Straßburg verlassen und ging ins Exil nach England. Poullain war ein temperamentvoller, oft unbeherrschter Charakter, dessen Zuneigung zu dem älteren Calvin nicht immer erwidert wurde.

Ein Jahr nach der Gründung der französisch-reformierten Gemeinde in Frankfurt erreichte Poullain ein durchaus huldvolles Schreiben aus Genf, in dem Calvin dem jüngeren Kollegen Segenswünsche, aber auch die Mahnung zu *„bescheidener Mäßigung"* für die neue Aufgabe

---

125 Calvin Handbuch, S. 107 f.
126 Ebd., S. 485 f.
127 DINGEL.
128 Abdruck bei EBRARD, S. 156-158.
129 MEINERT, S. 3. DINGEL gibt ein Lebensbild des wenig bekannten Pfarrers der Reformationszeit mit Literaturangaben, auf die verwiesen sei. Zur Einwanderung der verschiedenen Flüchtlingsgruppen nach Frankfurt am Main siehe MEINERT.
130 MEINERT, S. 7.
131 BAUER, 1927, S. 185.
132 Ebd., S. 41.

zusandte. Er beklagte die schwere Lage der Réfugiés, *„die Pilger waren an Leib und Seele"* und sah in ihrem Schicksal das Abbild der *„letzten Wanderung"* in die Ewigkeit.[133]
Neben den Wallonen mit ihrem Prediger Poullain hatte sich nach der Rekatholisierung Englands durch Maria Tudor in Frankfurt am Main eine englische Flüchtlingsgemeinde eingefunden, in der u.a. John Knox (1514-1572), der schottische Reformator, als Pfarrer Dienst tat. Die englischen Flüchtlinge wurden in die Frankfurter Bürgerschaft aufgenommen und erhielten am 14. Juli 1554 das Mitbenutzungsrecht für die Weißfrauenkirche.[134]
Um den Auseinandersetzungen in der Gemeinde der reformierten Engländern entgegenzuwirken, schrieb Calvin am 18. Januar 1555 einen Brief, in dem er die Absurdität beklagte, dass Flüchtlinge, die um des Glaubens willen ihr Vaterland verlassen mussten, uneins waren. Er beantwortete im selben Schreiben die Anfrage der Pfarrer William Whittingham (1524-1579) und John Knox über die von ihnen benutzte anglikanische Liturgie, die Calvin als verbesserungswürdig beurteilte.[135] Danach wurden Knox und Whittingham von der Gemeinde beauftragt, eine eigene Gottesdienstordnung zu entwickeln, die im April 1555 in Kraft treten sollte. Vorher kam jedoch unter Richard Cox eine weitere englische Refugiantengruppe nach Frankfurt, die Knox und Whittingham bei der lutherischen Stadtregierung der Unruhestiftung anschwärzte und deren Ausweisung beantragte, die im März 1555 auch erfolgte. Calvin passte sich an die neue Sachlage an und ermahnte am 31. Mai 1555 Richard Cox zur Versöhnung und Einigkeit und zu einer *„reineren, schlichteren Gestaltung des Gottesdienstes"*[136].
Auch in der französisch-reformierten Gemeinde hatte es Streit gegeben. Wir entnehmen es u.a. dem Brief, den Calvin im März 1556 an den Kirchenältesten de Sechelles geschrieben hatte. Sechelles war ein alter Freund Calvins, der zusammen mit dem Frankfurter Kaufmann Augustin Legrand gegen Poullain opponierte, dem er u.a. vorwarf, nicht regulär zum Pfarrer der französischen Gemeinde in Frankfurt gewählt worden zu sein. Calvin ermahnte Sechelles mit einem Appell an ihre Freundschaft, Poullain anzuerkennen und die Ältesten der Gemeinde in ihrem Amt zu unterstützen.[137] Im März 1555 war mit Richard Vauville ein zweiter Pfarrer in die sich vergrößernde französische Gemeinde in Frankfurt gekommen, von dem man sich eine Beruhigung des Streits zwischen Poussain und der Altgemeinde aus Glastonbury und den Neulingen der Frankfurter Gemeinde versprach. Leider starben Vauville und seine Ehefrau schon nach wenigen Monaten. Das Kondolenzschreiben Calvins an Vauville vom Dezember 1555 zum Tod seiner Ehefrau, erreichte den Empfänger nicht mehr, weil er im November seiner Frau als Pestopfer im Tod nachgefolgt war.[138]
Am 26. Dezember 1555 mahnte Calvin die Gemeinde erneut, die Streitigkeiten beizulegen und ihren Pfarrer Poullain zu achten. Die neuerlich erhobene Behauptung, der Pfarrer sei nicht ordnungsgemäß in sein Frankfurter Amt berufen worden, wurde von Calvin zurückgewiesen. Der Streit *„diene nicht zur Erbauung der Kirche"*. Auch wenn Poullain bei seiner Ankunft in Frankfurt nicht förmlich gewählt worden sei, müsse man doch den verdienten Mann respektieren.[139] Diese positive Einstellung zu Poullain hielt auch der 1554 nach Frankfurt gekom-

---
133 SCHWARZ, Briefe II, S. 30.
134 BAUER, 1927, S. 206.
135 Ebd., S. 59.
136 Ebd., S. 84 f.
137 SCHWARZ, Briefe II, S. 135 f.
138 Ebd., S. 115.
139 Ebd,. S. 119-121.

mene polnische Reformator Johannes a Lasco (1499-1560) für richtig, der seinen Kollegen schon im gemeinsamen englischen Exil gekannt hatte.[140]

Auch nach dem Tod Vauvilles kehrte keine Ruhe in der französisch-reformierten Gemeinde in Frankfurt ein. Das schrieb am 3. April 1556 Johannes Glauburg an Calvin, der befürchtete, die Gemeinde werde an den Streitigkeiten untergehen und nirgends in Deutschland eine Bleibe finden.[141] Calvin dagegen hoffte, ein neuer zweiter Pfarrer anstelle Vauvilles könnte Ruhe in die Gemeinde bringen. Am 9. Juni 1556 teilte Calvin seinem Mitstreiter Farel in Neuchâtel mit, Poullain wünschte sich Garnier als Nachfolger von Vauville. Calvin hielt Houbraque für besser geeignet, mit den Übelständen in der Gemeinde fertig zu werden, und befürchtete, man müsse bald auch einen Nachfolger für den ständig angefeindeten Poullain suchen.[142] Guillaume Houbraque aus Neuchâtel wurde als zweiter Pfarrer gewählt und von Calvin in einem Schreiben an die französisch-reformierte Gemeinde in Frankfurt vom 24. Juni 1556 mit einer Mahnung zur Eintracht empfohlen. Calvin bescheinigte ihm: *„Houbraque ist wohl erfahren in der Schrift und von hohem aufrichtigen Eifer erfüllt, die Kirche zu erbauen."*[143]

Da die Streitigkeiten in der Gemeinde fortdauerten, wurde Calvin vom Rat der Stadt an den Main gerufen, um zusammen mit Johann a Lasco, dem Pfarrer der englischen Flüchtlingsgemeinde Robert Horne und anderen zu schlichten.[144] Farel hatte sich für die erforderliche Reise als Begleiter angeboten. Doch Calvin wollte dem alten Mann die Strapazen der Reise in eine ferne Stadt nicht zumuten, in der die Pest herrschte. Auch seien die Reisekosten hoch und die Erfolgsaussichten gering, berichtete Calvin seinem Nachbarn Pfarrer Pierre Viret in Lausanne.[145]

Calvin reiste trotz aller Bedenken nach Frankfurt und traf Mitte September dort ein. Für die Gemeinde hielt er eine Predigt in der Weißfrauenkirche, für die Familie Ployard taufte er ein Kind, mit dem Mediziner Justus Vels aus den Niederlanden disputierte er über die Prädestination und den freien Willen.[146] Aus Frankfurt schrieb Calvin am 17. September 1556 an Philipp Melanchthon in Wittenberg und schilderte ihm, er sei bei seinen Schlichtungsversuchen viel beschäftigt, weil die Gegensätze der Parteien von fast zwei Jahren tief eingewurzelt seien.[147] Calvin behandelte alle 25 Beschwerdepunkte der Gegner Poullains und wies sie in der Mehrheit zurück. Trotzdem trat Poullain, vielleicht auf persönliches Anraten Calvins, von seinem Amt zurück. Enttäuscht kündigte Poullain nach dem Schiedsspruch Calvin die Freundschaft auf. Er blieb aber in Frankfurt und starb im Winter 1557/58.[148]

Calvin berichtete am 26. Oktober 1556 seinem Kollegen Wolfgang Musculus (1497-1563), die 14-tägige Schlichtung in Frankfurt sei ein „sehr unangenehmes Geschäft" gewesen. Er sei milde mit Valérand Poullain umgegangen, obwohl er *„jeder Art von Strafe wert gewesen"* sei. Um den Frieden in der Gemeinde wiederherzustellen, habe Poullain abdanken müssen.[149] Nach dem

---

140 Ebd., S. 115 f. u. S. 119-121. BAUER, 1927, S. 233. BAUER, Calvin in Frankfurt, S. 44 f.
141 BAUER, 1920, S. 52.
142 SCHWARZ, Briefe II, S. 145 f.
143 Ebd., S. 149 f. Über das Hin und Her bei der Wahl des Pfarrers siehe BAUER, 1927, S. 245 f.
144 BAUER, 1920, S. 46.
145 SCHWARZ, Briefe II, S. 153 f. Calvin wollte sich Messebesuchern anschließen.
146 BAUER, 1920, S. 46.
147 SCHWARZ, Briefe II, S. 155 f.
148 DINGEL, S. 58 berichtet, Poullain sei Oktober 1557 tot gewesen. In einem Brief des Johannes Cnipius an Calvin vom 2. April 1558 wird er als verstorben erwähnt. MEINERT, S. XXII f.
149 SCHWARZ, Briefe II, S. 158 f. BAUER, Calvin, S. 48 f.

Tod Poullains setzte Calvin dem Kollegen ein ehrendes literarisches Denkmal: Er übernahm 1558 die Poullain'sche Fürbitte für die um Christi willen Verfolgten in die Genfer Liturgie.[150] Auch der persönliche Einsatz Calvins in Frankfurt und der Rücktritt Poullains veränderten die Machtverhältnisse in der französischen Flüchtlingsgemeinde nicht grundlegend. Das veranlasste den Genfer Reformator, sich in einem Schreiben vom 21. Dezember 1556 an seinen Vertrauten Johann von Glauberg zu wenden, der schon im Sommer 1555 vom Frankfurter Stadtrat als Schiedsrichter für die Querelen in der französisch-reformierten Gemeinde eingesetzt worden war.[151] Glauberg gegenüber gab Calvin alle Diplomatie auf und schrieb frei von der Leber: Poullain sei ein Intrigant und seine Kirchenältesten „träge, stumpfsinnig, hochmütig und verstockt". Er habe deshalb vor seiner Abreise Houbraque gewarnt, er solle sich in Acht nehmen. Calvin bat Glauberg, bis zur Ernennung eines Poullain-Nachfolgers, den Status quo in der Gemeinde zu belassen.

Die Gemeinde wählte den Weseler Pfarrer François Perrucel († 1565) als Nachfolger für die erste Pfarrstelle der französisch-reformierten Gemeinde in Frankfurt, der es in Wesel abgelehnt hatte, das Augsburgische Bekenntnis zu unterschreiben. Er war beim Rat der Stadt Wesel in Ungnade gefallen. Calvin empfahl ihm am 21. Dezember 1556, *„der Not leidenden Frankfurter Gemeinde beizuspringen."*[152]

Für den Status aller Flüchtlingsgemeinden in Frankfurt waren die Auseinandersetzungen mit der lutherischen Geistlichkeit der Stadt von besonderer Wichtigkeit. Nach dem Augsburger Interim war Frankfurt 1530 lutherisch geworden, beließ aber den Dom als Ort der Kaiserwahl der katholischen Kirche, eine Konzession an Kaiser Karl V. Gegen die immer zahlreicher in die Stadt strömenden Fremden rebellierten nicht nur die einheimischen Gewerbetreibenden. Auch die lutherischen Pfarrer beklagten die Sonderstellung der Reformierten und ihre mangelnde Bereitschaft zur Anpassung. Außerdem warfen die Lutheraner den Calvinisten immer wieder eine falsche Abendmahlslehre vor.

Calvin versuchte, den Frankfurter Rat für die reformierte Sache zu gewinnen, indem er ihm seine Evangelienharmonie widmete und durch Poullain am 10. September 1555 überreichen ließ.[153] Der Genfer Reformator hatte immer wieder mit solchen Ehrungen für Anerkennung und Wohlwollen geworben. Aber die Absichten Calvins waren nur vordergründig erfolgreich. Der Wittenberger Reformator blieb in Frankfurt das Maß aller Dinge.

Ein Brief Calvins vom 5. März 1556 an die lutherischen Prädikanten in Frankfurt, in der er um ein besseres Verständnis für die Fremdengemeinden warb, blieb unbeantwortet.[154] In dem Brief beklagte sich Calvin, dass in Frankfurt ein Buch des lutherischen Streittheologen Joachim Westphal (1510-1574) gegen seine Sakramentslehre erscheinen konnte.[155] Der Genfer Reformator war vergeblich um Aussöhnung und Einigung in der Abendmahlsfrage bemüht.

Die *„fremden welschen Prediger"* reichten im September 1556 beim Stadtrat zur Prüfung *„ein buchlin"* ein, das die Übereinstimmung der Reformierten mit den Frankfurter Luthera-

---

150 BAUER, 1927, S. 301.
151 SCHWARZ, Briefe II, S. 160 f.
152 SCHWARZ, Briefe II, S. 161. Perrucel war vor seiner Hinwendung zur Reformation Novizenmeister der Barfußer-Mönche in Paris gewesen.
153 Der Rat dankte Calvin und ließ ihm 40 Goldgulden zukommen. MEINERT, S. XXI.
154 MEINERT, S. XXII.
155 In einem Brief an Bullinger vom 22. April 1556 bedankte sich Calvin für Bullingers Schrift gegen Westphal, der als Pfarrer der Katharinenkirche in Hamburg immer wieder die Reformierten angriff.

nern nachweisen sollte.[156] Die Ratsherren verwiesen die Schrift zur Klärung der Rechtgläubigkeit an die lutherischen Prädikanten.

1557 veröffentlichte der Frankfurter Matthias Ritter eine Lutherbiographie, die nicht nur die Theologen, sondern auch den Rat endgültig gegen die Reformierten beeinflusste.[157] Die praktische Folge der Prädominanz des Luthertums in Frankfurt waren weitere Angriffe gegen die Flüchtlingsgemeinden.

Umso schlimmer war es, dass in der französisch-reformierten Gemeinde auch unter den neuen Pfarrern Houbraque und Perrucel der innerkirchliche Streit *„über die reine Lehre"* weiterging, bei dem sich der schon bekannte Störenfried Augustin Legrand als Gegner Houbraques wieder besonders hervortat und auch die Pfarrer untereinander uneins waren.[158] Die Pfarrer wandten sich durch den Arzt Eustachius Quercetanus hilfesuchend nach Genf und baten Calvin um einen neuen Besuch oder Brief. Eine erneute Reise nach Frankfurt lehnte Calvin ab, den Brief schrieb er am 23. Februar 1559.[159] Calvin geißelte *„Ehrgeiz und Neuerungssucht"* und empfahl als äußerstes Mittel den Ausschluss der Unruhestifter. Am selben Tag richtete Calvin einen persönlichen scharfen Brief an Augustin Legrand, in dem er ihn aufforderte, friedlich zur Herde zurückzukehren und zu zeigen, dass es nicht an ihm liege, *„wenn keine Eintracht herrscht"*.

Ein Streit der Pfarrer in der Frage, ob das Abendmahl an ein Gemeindeglied ausgeteilt werden dürfe, das in unversöhntem Streit lebe, führte zu einer Beschwerde bei dem Rat der Stadt, die zu einer einstweiligen Amtsenthebung Houbraques führte, der nach Straßburg ging, wo er im Dezember 1559 als französisch-reformierter Pfarrer nachgewiesen ist. Calvin begrüßte den Weggang im Interesse des Friedens in der Gemeinde, obwohl er die Auffassung Houbraques teilte, dass eine konsequent durchgeführte Kirchenzucht den unwürdigen Empfang des Abendmahls verhindern müsse.[160] Der „mildere" Perrucel hingegen fand die Sympathien der weltlichen Herren im Rat einschließlich des Calvinfreundes Glauburg, denen an einer Beilegung des Streits gelegen war.

Nach dem Urteil der Stadt gegen Houbraque und seine Gesinnungsfreunde war der Rat Calvins in Frankfurt nicht mehr gefragt. Der französisch-reformierten Gemeinde wurde die Nutzung der Weißfrauenkirche entzogen und der lutherische Pfarrer und Senior Hermann Beyer (1516-1577) mit einem Gutachten beauftragt *„In was punct und fellen sich die welschen und Engellendische Confession nit vergleiche und übereinstimme"*.[161] Beyer wies u.a. auf die Unterschiede in der Abendmahlslehre hin.

Am Ende langer Auseinandersetzungen innerhalb der Gemeinde und gegenüber den Vertretern der seit dem Augsburger Konzil in Frankfurt dominierenden und offiziell anerkannten lutherischen Kirche untersagte der Rat der Stadt am 22. April 1561 den reformierten Gottesdienst und die Nutzung der Weißfrauenkirche. Daraufhin verließen zahlreiche Réfugiés die

---

156 MEINERT, S. 35.
157 BAUER, 1920, S. 53.
158 Ebd., S. 58.
159 SCHWARZ, Briefe II, S. 257 f. Calvin verurteilte die Hinwendung der Gemeinde zu mystischer Theologie und insbesondere zur „Theologia Deutsch", die der Calvingegner Castellio mit einer französischen Übersetzung den Réfugiés zugänglich gemacht hatte. BAUER, 1920, S. 59 f.
160 BAUER, 1920, S. 60 f. SCHWARZ, Briefe II, S. 270: Hirtenbrief an die Hugenotten in Frankreich.
161 Beyer war 1546 als lutherischer Prediger nach Sachsenhausen berufen worden. EBRARD, S. 78.

Stadt und gründeten 1562 in Frankenthal eine Flüchtlingsgemeinde. Andere fanden in Hanau eine neue Zuflucht.

Calvin empfahl in dieser angespannten Situation in Frankfurt den Flüchtlingen, lieber auszuwandern, als lutherisch zu werden, weil der, der sein Kind zur lutherischen Taufe brächte, damit auch die andere Abendmahlslehre akzeptiere. Er befürwortete in einem Brief an die französische Gemeinde in Frankfurt vom 27. Oktober 1562 die Auflösung der Gemeinde; denn es gäbe keinen Weg „zu wirklich brüderlichem Zusammenhalten". Calvin stellte resignierend fest, er wolle sich nicht weiter in die „Prüfung aller Einzelheiten" des Streits einlassen.[162]

Zwei Jahre vor seinem Tod gab es der Genfer Reformator auf, zusammen mit den französischen Flüchtlingen eine vorbildliche reformierte Gemeinde in einer deutschen Stadt zu begründen. Doch die Gemeinde in Frankfurt blieb trotz Abwanderung und Gegnerschaft von außen in der attraktiven Handels- und Messestadt bestehen und erlebte nach 1601 in der eigenen Kirche vor dem Bockenheimer Tor andere, wenn auch nicht bessere Zeiten. Ihre Diakonie konnte in einzigartiger Weise im Sinne Calvins den vielen Réfugiés, die nach 1685 die Heimat verließen, Hilfe und Unterstützungszahlungen leisten.[163]

Die Helden der Reformation (vgl. Seite 41, Nr. 1.1)

---

162 SCHWARZ, Briefe II, S. 408 f. u. S. 413 f.
163 MAGDELAINE.

Ausstellungsobjekte in Auswahl

1. Calvin und die Anfänge der reformierten Kirche in Frankreich

„Warum ist's, dass Gott uns die Erde erhält wie einen Spiegel? Darum, dass wir hierin betrachten können seine Herrlichkeit, seine Weisheit, seine Stärke und unendliche Macht."
(Hiob-Kommentar 1554)
„Dass wir tatsächlich mit aufrichtigem Herzen Gott fürchten und verehren, liegt offen am Tage, da wir mit unserm Leben wie mit unserm Sterben nur seinen Namen zu heiligen suchen." (An König Franz I. 1535)

Johannes Calvin gilt als Begründer der reformierten Kirche in Frankreich und ist einer der bedeutendsten Reformatoren des 16. Jahrhunderts. Als Reformator der zweiten Generation versuchte Calvin vergeblich, den lutherischen und zwinglischen Protestantismus zusammenzuführen.
Bevor der französische König Heinrich IV. im Jahr 1598 das Edikt von Nantes erließ, das den Hugenotten die freie Religionsausübung gewährte, wurden die Protestanten in Frankreich verfolgt und drangsaliert. Viele verließen ihr Land, so auch Calvin, der im Jahr 1534 nach Basel flüchtete. Dort veröffentlichte er 1536 sein theologisches Hauptwerk, die *Institutio Religionis Christianae*, die *Unterweisung in der christlichen Religion*.
In Genf unterstützte Calvin den aus dem südfranzösischen Gap stammenden Theologen Guillaume Farel (1489-1565) bei der Durchführung der Reformation. Viele Hugenotten fanden in der Stadt auch ihren ersten Zufluchtsort. Calvin hielt aus dem Exil weiterhin Kontakt zu seinen Glaubensgenossen in Frankreich. In Briefen spendete er Trost, ermunterte zur Glaubensstärke und riet zur Flucht, statt sich nur im Verborgenen als Protestanten zu bekennen. Als 1559 in Paris die erste französisch-reformierte Nationalsynode stattfand, lieferte Calvin die Grundlagen zum reformierten Glaubensbekenntnis und der Kirchenordnung, die dort verabschiedet wurden. In der Folgezeit kamen viele Studenten aus Frankreich nach Genf, um an der dortigen Akademie, an der Calvin lehrte, zu studieren. Sie nahmen seine christliche Botschaft mit in ihre Heimat.

1.1 Die Helden der Reformation
Lithographie Mitte des 19. Jh., Fr. Wentzel in Weißenburg im Elsaß, Maße: 36,5 x 46 cm
(Abbildung auf der gegenüberliegenden Seite)
Die Reformatoren mit Luther und Johannes Calvin werden als „*Helden*" bezeichnet. Die Lithographie war als Wandbild für das christliche Haus gedacht.
Leihgeber: Privat

1.2 Das Licht auf den Leuchter gestellt
Kupferstich von Carel Allardt, ca. 1630, Maße: 40 x 52 cm
Die Reformatoren sitzen an einem Tisch, auf dem ein Leuchter mit einer brennenden Kerze steht. Im Zentrum der Gruppe sind Luther und Calvin zu erkennen. Unter dem Bild werden die Namen der Teilnehmer aufgeführt. Die Reformatoren gelten als die Bewahrer des gött-

Nr. 1.2

lichen Lichts. Die katholischen Gegenspieler, unscheinbar im Vordergrund dargestellt, sind in der Finsternis.

Lit.: HOFMANN, S. 157; REISS u. WITT, S. 26

Leihgeber: Deutsches Hugenotten-Museum, Bad Karlshafen

1.3 Briefmarke mit dem Porträt von Idelette de Bure

(Abbildung auf Seite 14)

Briefmarke der Belgischen Post aus dem Jahr 1964 nach einem Gemälde von Douai, Musée de l'Art Wallon, Liège

Während seines Straßburger Aufenthalts ließ sich Calvin durch Guillaume Farel mit Idelette de Bure trauen. Sie war Witwe des Wiedertäufers Johann Stordeur aus Lüttich, der sich 1538, kurz vor seinem Pesttod, der reformierten Lehre angeschlossen hatte. Der einzige Sohn Calvins starb kurz nach der Geburt. Idelette de Bure folgte ihm 1549 nach zehnjähriger Ehe, betrauert von ihrem Ehemann.

Leihgeber: Privat

1.4 Calvin und die Flucht der Hugenotten. Genesis 12, Vers 1 (Genesiskommentar)

„Die Heimat hat etwas wunderbar Anziehendes für unser Gemüt: Verbannung bedeutet Schmerz. Darum bedarf es nachdrücklicher Einprägung von Gottes Gebot. Hätte Gott mit einem Wort gesagt: Verlass das Vaterland! – so wäre dies schon ein Stich in Abrams Herz gewesen. Aber noch tiefer durchbohrt es ihn, wenn er hört, dass er auf Freundschaft und Vaterhaus verzichten muss. Gewiss macht sich der Herr nicht ein grausames Vergnügen daraus, seine Knechte zu quälen; aber er prüft ihr Herz durch und durch, ob nicht noch ein verborgener Schlupfwinkel darin ist. Ein Gehorsam, der nicht alle Folgen gründlich zuvor erwogen hat, gleicht dem Bau ohne Fundament. Wollen wir fest und treu im Gehorsam gegen Gott stehen, dann gilt's, alle Beschwerden, alle Mühen und Gefahren klar vorher ins Auge zu fassen. Es soll nicht nur ein erster Trieb des Eifers Blüten treiben, sondern tiefe, starke Wurzeln sollen die Kraft darreichen, das ganze Leben hindurch Früchte der Gottseligkeit hervorzubringen ...

Abram soll ganz und gar dem Wort vertrauen. Es bedeutet gleichsam: Zieh aus mit verbundenen Augen, forsche nicht, wohin ich dich führe; erst musst du lernen, dein Vaterland lassen und ganz dich nur hingeben. In der Tat bestehen wir die Probe unseres Gehorsams erst, wenn wir nicht nach eigenem Urteil und Verstehen wandeln, sondern dem Herrn uns vertrauen. Wenn er etwas von uns fordert, dann dürfen wir nicht um den Ausgang bangen. Wenn er uns leitet, geht es besser mit geschlossenen Augen, als ohne dem mit aller Klugheit. Sie wussten nicht, wohin der Weg gehe. Gott hatte verheißen, ein Land zu zeigen. Also ließen sie sich von Gott führen, bis er sein Versprechen erfüllte."

Aus: Johannes CALVIN: Johannes Calvins Auslegung der Genesis, S. 133

1.5 Brief Calvins an Luther in Wittenberg zugunsten der Hugenotten in Frankreich vom Januar 1545

Es ist der einzige erhaltene Brief Calvins an den deutschen Reformator. Er wurde durch einen Boten nach Wittenberg überbracht, den jungen Genfer Claude de Senarciens. Melanchthon wagte es nicht, das Schreiben Luther auszuhändigen. So konnte Luther ein Jahr vor seinem Tod die Bitte Calvins nicht berücksichtigen. Luther sollte Calvin in seinem Kampf gegen die „Nikodemiten" unterstützen, Hugenotten in Frankreich, die sich an die Staatsreligion anpassten und an der katholischen Messe teilnahmen. Eine persönliche Begegnung zwischen Luther und Calvin hat es nie gegeben.

„Dem vortrefflichen Hirten der christlichen Kirche, D. Martin Luther, meinem hochverehrten Vater, Gruß zuvor.

Als ich sah, dass unsere französischen Glaubensgenossen, soviel ihrer aus der Finsternis des Papsttums zum rechten Glauben zurückgekehrt waren, doch nichts an ihrem Bekenntnis änderten und fortfuhren, sich mit den papistischen Gräueln zu beflecken, als ob sie die wahre Lehre nie geschmeckt hätten. Da konnte ich mich nicht enthalten, einen solchen untätigen Sinn scharf zu tadeln, wie er nach meinem Urteil verdient. Denn welch ein Glaube wäre das, der im Herzen begraben liegt, und nicht hervorbricht als Glaubensbekenntnis, welche Religion, die unter geheucheltem Götzendienst versenkt liegt? [...]

Weil es aber schwer ist, ohne Rücksicht auf sich selbst sein Leben aufs Spiel zu setzen oder den Menschen Ärgernis zu geben und dadurch den Hass der Welt auf sich zu ziehen, oder

Geld und Gut und Heimat zu verlassen und freiwillig in die Verbannung zu gehen, so halten alle diese Schwierigkeiten sie noch zurück, etwas Sicheres zu beschließen.
Freilich schützen sie allerlei andere, schöne Gründe vor, denen man's aber ansieht, dass sie nur irgendwelchen Vorwand suchen.
Weil sie nun gewissermaßen in der Schwebe bleiben und zaudern, möchten sie auch dein Urteil hören. Da sie davor Achtung hätten – wie es sich ziemt – würde es sie sehr bestärken. Sie haben mich daher gebeten, ich möchte gerade für diesen Zweck einen zuverlässigen Boten an dich senden, der uns dann deinen Entscheid in dieser Frage berichten könnte.
Ich wollte ihnen diese Bitte nicht abschlagen, weil ich glaubte, es liege vor allem in ihrem Interesse, gegen ihr beständiges Schwanken durch dein Ansehen Hilfe zu finden, und weil ich ja von mir aus das Gleiche wünschen musste.
So bitte ich dich also nun – mein im Herrn hochgeachteter Vater – um Christi willen, du mögest es dich nicht verdrießen lassen, ihretwegen und meinetwegen die bittere Pille zu schlucken: Du mögest zuerst den in ihrem Namen geschriebenen Brief und mein Schriftchen sozusagen im Spaß in müßigen Stunden zu durchfliegen, oder einem das Lesen zu überlassen, damit er dir dann die Hauptsache berichte. Dann mögest du uns deine Meinung in ein paar Worten schreiben.
Ungern freilich geschieht es, dass ich dir zu deinen vielen, verschiedenen Geschäften auch diese Mühe mache. Aber bei deiner Einsicht glaube ich, du wirst mir's verzeihen, weil ich es ja nur der Not gehorchend tue. Könnte ich doch zu euch fliegen, um auch nur auf einige Stunden deine Gegenwart zu genießen. Denn ich wünschte sehr, – und es wäre auch besser – nicht nur über diese Frage, sondern auch über allerlei anderes mündlich mit dir zu verhandeln. Was aber auf Erden nicht geht, wird bald, wie ich hoffe, im Reich Gottes möglich sein! Lebwohl, du hochberühmter Mann, du trefflichster Diener Christi und mir ein stets geachteter Vater.
Der Herr fahre fort, dich mit seinem Geist zu leiten bis ans Ende zum gemeinen Wohl seiner Kirche.
Dein Johannes Calvin"
Aus: Rudolf SCHWARZ, Bd. I, S. 202 f.

2. Calvin und die Hugenotten im deutschen Sprachgebiet

„*Als ich mich unerkannt in Basel verborgen hielt, wurden in Frankreich viele fromme Leute verbrannt. Die Scheiterhaufen sorgten bei den Deutschen überall für große Empörung.*"
(Psalmenkommentar 1557)

Von 1538 bis 1541 lebte Calvin im deutschsprachigen Straßburg. Der Rat von Genf hatte ihn wegen eines Streites um die Kirchenzucht ausgewiesen. In Straßburg war Calvin als Pfarrer in einer Hugenottengemeinde tätig und lernte dort die Sorgen und Nöte der Réfugiés kennen. Unterstützung beim Gemeindeaufbau erhielt er von dem Straßburger Reformator Martin Bucer (1491-1551).
Melanchthon und anderen maßgeblichen deutschen Theologen seiner Zeit begegnete Calvin bei Religionsgesprächen in Frankfurt am Main, Hagenau, Worms und Regensburg. Martin

Luther hat er nie gesehen. Da Calvin kein Deutsch sprach, verständigte er sich auf Latein, der universalen Gelehrtensprache der Zeit.

Nach seiner Rückkehr nach Genf hielt Calvin weiterhin Kontakt mit deutschen Theologen und Gemeinden, zum Beispiel in Frankfurt am Main. Auch versuchte er, bei Konflikten zwischen den Réfugiés zu vermitteln und sie gegenüber deutschen Institutionen zu unterstützen. Die Reichsstadt Frankfurt für den Calvinismus zu gewinnen, misslang Calvin. Der Rat der Stadt fürchtete sich vor den Folgen seiner rigorosen Kirchenzucht.

2.1   Jean Calvin: Institution de la religion chrestienne

Herman Brauer, Bremen 1713, 164, 1108 S., [18] Bl., 2° mit Prachteinband
(Abbildung auf Seite 12)

Das Hauptwerk Jean Calvins in neuer französischer Übersetzung von Charles Icard (1636-1715). Icard war Pfarrer der französisch-reformierten Gemeinde in Bremen, wo der Band auch gedruckt wurde.

Leihgeber: Stiftung Johannes a Lasco Bibliothek, Große Kirche Emden

2.2   Der Straßburger Reformator Martin Bucer

Kupferstich von Adriaen van Werff (1659-1722), Maße: 31 x 18,5 cm
(Abbildung auf Seite 13)

Brustbild von Martin Bucer (1491-1551) nach links im Kreis mit einem drapierten Vorhang. Straßburger Reformator und Calvin-Freund. Schrift darunter: *La douceur fut mon charactere, Et je crus que la verité, Qui porte dans les coeurs un attrait qui vait plaine, Persuade bien mieux que la severité.* (Die Milde macht meinen Charakter aus; ich habe immer nur die Wahrheit geglaubt, die eine erfüllende Anziehungskraft in die Herzen bringt, die mehr überzeugt als Strenge.)

Leihgeber: Privat

3. Calvin und die presbyterial-synodale Kirchenverfassung

„Wir glauben ... dass keine Gemeinde irgendeine Obergewalt oder Herrschaft beanspruchen darf." (Hugenottisches Glaubensbekenntnis, Art. 30)

In der von Calvin im Jahr 1559 entworfenen Kirchenordnung gab es in der christlichen Kirche keine Hierarchie und kein herausragendes Amt. Die Gemeinden sollten vom *Consistoire*, dem Presbyterium, geleitet werden. Das Presbyterium setzte sich zusammen aus den gleichberechtigten Ämtern des *ministre*, des Pfarrers, der für die Verkündigung und Seelsorge zuständig war, den *anciens* bzw. Ältesten, in deren Aufgabenbereich Verwaltung und Aufsicht der Gemeinde fielen, und dem *diacre*, dem Diakon, der für die Armen- und Krankenfürsorge verantwortlich war. Die Gesamtkirche sollte von Synoden „regiert" werden, die in regelmäßigen Abständen zusammentraten und von Moderatoren geleitet wurden.

Die hugenottische Kirchenordnung (*Discipline ecclésiastique*) und das damit verbundene Glaubensbekenntnis (*Confession de foi*) besaßen für alle Gemeinden im deutschen Refuge Gültigkeit. Dort ließen sich die calvinischen Prinzipien der presbyterial-synodalen Kirchenordnung weithin nur auf der Gemeindeebene umsetzen, wo die Selbstverwaltung erhalten blieb. Auf Landesebene dagegen behielten die deutschen Fürsten in der Regel die Leitung der Kirche. Zur Beaufsichtigung der Hugenottengemeinden ernannten sie Kommissare. Die Synode der Niedersächsischen Konföderation zählte neben der südhessischen Waldensersynode, der württembergischen Waldensersynode und der fränkischen Synode zu den wenigen „Hugenottensynoden" auf deutschem Boden. Ausgerechnet in den Staaten mit den meisten Refugiés, also in Brandenburg-Preußen und in Hessen-Kassel, war die Bildung einer Synode nach französischem Vorbild versagt worden, da man in einer derartigen Selbstverwaltung eine Gefahr für den absolutistischen Staat sah.

1925 begannen Verantwortliche im Deutschen Hugenotten-Verein mit der Vorbereitung einer eigenen Synode. Sie sollte im Sinne Calvins zum obersten Leitungsorgan einer Hugenottenkirche auf deutschem Boden werden. Im Oktober 1932 trafen sich in Berlin Vertreter einzelner Hugenotten- und Waldensergemeinden zur ersten freien Hugenottensynode. Es folgten Synoden in Frankfurt am Main (1933), in Magdeburg (1934) und in Prenzlau (1936). Die fünfte und gleichzeitig letzte Hugenottensynode versammelte sich im Juni 1938 wieder in Berlin. Die Bestimmungen des nationalsozialistischen Kirchenregiments, aber auch die Zerstrittenheit der Hugenottengemeinden zwischen „Bekennender Kirche" und „Deutschen Christen" beendeten alle Versuche, eine eigene Hugenottensynode auf deutschem Boden einzurichten. Heute ist die Mehrzahl der ehemaligen Hugenottengemeinden in die jeweilige unierte oder reformierte Landeskirche, die der Evangelischen Kirche in Deutschland (EKD) angehören, integriert.

3.1 Synode und Ordination bei den Reformierten

Zwei Kupferstiche von Bernard Picart (1673-1733), Maße: je 14,5 x 20 cm

In der calvinistischen Tradition war der presbyteral-synodale Kirchenaufbau eine Selbstverständlichkeit. Die Gemeinde wurde durch das Consistoire/Presbyterium geleitet, dessen Mitglieder außer dem Pfarrer von der Hausväterversammlung gewählt wurden. Die Presbyterien entsandten Delegierte in die Kolloquien, die Provinzial- und Nationalsynode. In Frankreich sollten Nationalsynoden zur Leitung der Kirche mindestens einmal im Jahr zusammentreten. Eine kirchliche Hierarchie mit Bischöfen oder anderen leitenden Geistlichen gab es nicht. Im deutschen Refuge konnten die reformierten Hugenotten nur selten die synodale Struktur ihrer Kirche beibehalten, da sich die Fürsten ihre Rechte als „oberste Bischöfe" nicht nehmen ließen.

a) Die erste Darstellung zeigt eine synodale Versammlung der niederländischen Reformierten im Chorraum der Neuen Kirche zu Amsterdam. Am Tisch unter der Kanzel sitzt der Vorsteher der Synode mit Assessor und Sekretär. Etwas nach hinten verschoben, aber auf erhöhtem Podest, haben zwei Vertreter der weltlichen Obrigkeit Platz genommen. Auf den Bänken und Stühlen im Karree sitzen Pfarrer und Älteste als Vertreter der Provinzsynoden. Ihre Herkunft ist durch Buchstaben im Bild gekennzeichnet.

b) Der Kupferstich unten zeigt einen Proposanten (Kandidat der Theologie) vor der Kanzel einer reformierten Kirche, die Hände zum Gebet zusammengelegt. Zwei Geistliche ordinieren unter großer Anteilnahme der in festlicher Kleidung anwesenden Gemeinde den knienden Proposanten durch Handauflegung zum Pfarrdienst in einer wallonischen oder französisch-reformierten Kirche in den Niederlanden. Nach den Erläuterungen des Begleittexts zum Bild

Ausstellungsobjekte

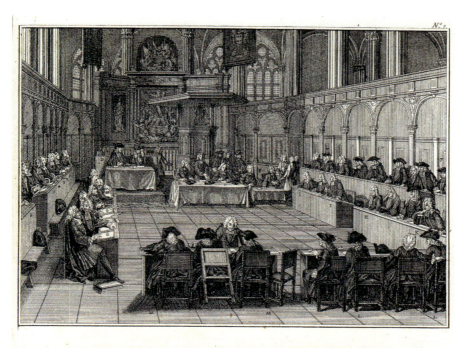

Après B. Picart. D. Herrliberger sculpsit d. et excudit

Nr. 3.1

Nr. 3.2

hatte der Kandidat vor seiner Ordination eine Predigt vor der versammelten Synode zu halten und die Artikel der Synode von Dordrecht (1619) zu unterzeichnen.

Lit.: HERRLIBERGER; BENEKE u. OTTOMEYER, S. 338 m. Abb.; HOFMANN

Leihgeber: Deutsches Hugenotten-Museum, Bad Karlshafen

3.2   Synode von Dordrecht 1618/1619

Kupferstich von Bernard Picart 1729, Maße: 30,5 x 40 cm

Auf dem Bild sind die Synodalen zu sehen, deren Namen an den Bildrändern aufgeführt sind. Der Heidelberger Katechismus wurde auf der Dordrechter Synode für die Reformierten als verbindlich anerkannt. Die Synode beendete den Streit um die Prädestinationslehre zugunsten der radikalen calvinistischen Auffassung der Lehre von der doppelten Prädestination auf Grund des „ewigen Ratschlusses" Gottes. Ihr schlossen sich die Hugenotten im deutschen Refuge

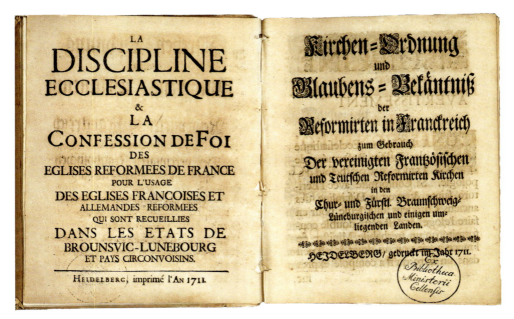

Nr. 3.4

nicht an. Dennoch erklärte z.B. der lutherische Herzog Georg Wilhelm von Braunschweig-Lüneburg in einem am 12. August 1699 erlassenen Edikt die Dordrechter Beschlüsse für alle französisch- und deutsch-reformierten Pastoren in seinem Herzogtum für verbindlich.
Lit.: BENEKE und OTTOMEYER, S. 250; FLICK, S. 25
Leihgeber: Deutsches Hugenotten-Museum, Bad Karlshafen

3.3 Buch mit den Dordrechter Beschlüssen
ACTA SYNODI NATIONALIS, IN NOMINE DOMINI NOSTRI IESU CHRISTI, Autoritate ILLUSTR. ET PRAEPOTENTUM DD. ORDINUM GENERALIUM FOEDERATI Belgij Provinciarum, DORDRECHTI HABITAE Anno M.DC.XVIII & M.D.XIX, Hanoviae [Hanau], Egenolphi Emmelii Anno 1620. Angebunden: Iudicia Theologorum Provincialium, De Quinque Controversis Remonstrantium Articulis. Synodo Dordrechtanae Exhibita, Anno 1619, [28] Bl., 858 S., [22] Bl., 453 S. 4°
Die Ausgabe in lateinischer Sprache wurde 1620 von Egenolph Emmelius in Hanau gedruckt.
Leihgeber: Evangelisch-reformierte Kirchengemeinde Celle

3.4 Kirchenordnung und Glaubensbekenntnis
Kirchenordnung und Glaubensbekänntnis der Reformirten Frankreichs zum Gebrauch der vereinigten Französischen und Teutschen Reformirten Kirchen in den Chur- und Fürstl. Braunschweig-Lüneburgischen und einigen umliegenden Landen, Heidelberg 1711.
Die Struktur der Französisch-reformierten Kirchengemeinde beruhte auf zwei Basisdokumenten des 16. Jahrhunderts. Während der ersten, heimlich abgehaltenen Generalsynode 1559 zu Paris

wurden die hugenottische Kirchenordnung und das damit verbundene Glaubensbekenntnis verabschiedet. Das Glaubensbekenntnis der Hugenotten mit seinen 40 Artikeln blieb unverändert und erschien bereits 1562 in Heidelberg in deutscher Sprache. Dagegen erwuchs aus den ebenfalls 40 Paragraphen der Kirchenordnung im Verlauf eines Jahrhunderts die Sammlung von ca. 400 Einzelbestimmungen. Die ursprünglichen Vorschriften mussten wegen veränderter Verhältnisse modifiziert bzw. ergänzt werden. Auch existierte keine amtlich genehmigte Ausgabe, da 1659 unerwartet solche Generalsynoden in Frankreich verboten wurden. Man musste sich mit der Privatedition des Pfarrers Isaac d'Huisseau von 1650 zufrieden geben. Hiervon erschien eine letzte, wesentlich erweiterte Fassung 1710 im Amsterdamer Exil. Deren Bestimmungen – allerdings ohne die umfangreichen Kommentare – übernahm Pfarrer Johann Georg Rhodius (Rhode) von der Deutsch-reformierten Kirchengemeinde in Hannover für die zweisprachige Ausgabe. Der in Hannover tätige Hofbuchdrucker Samuel Ammon besorgte die Auftragsarbeit. Vielleicht wegen eines größeren Kundenkreises wählte er als Druckort Heidelberg, obwohl er von dort längst nach Hannover übergesiedelt war. Der Band mit der ersten vollständigen deutschen Übersetzung – auch der Kirchenordnung – wurde von der „Niedersächsischen Konföderation" vorfinanziert. Deren Mitglieder bedurften wegen der sprachlichen und kirchenrechtlichen Verständigung dringend einer verbindlichen Textausgabe. Der Band wurde auch darüber hinaus benutzt – etwa in Mariendorf (Hessen-Kassel).
Lit.: MOGK 1986, S. 22
Leihgeber: Kirchenministerialbibliothek Celle

3.5 Protokolle der Synoden der „Niedersächsischen Konföderation"

1. Bd. 1704-1725; 2. Bd. 1730-1754
Enthält: 1. Synode in Hannover 1704; 2. Synode in Celle 1706; 3. Synode in Bückeburg 1708; 4. Synode in Braunschweig 1710; 5. Synode in Hannover 1712; 6. Synode in Celle 1714 (aufgeschlagen); 7. Synode in Hannover 1715; 8. Synode in Braunschweig 1716; 9. Synode in Celle 1719; 10. Synode in Hannover 1721; 11. Synode in Celle 1722; 12. Synode in Hameln 1725 (1726); 13. Synode in Hannover 1730; 14. Synode in Braunschweig 1743; 15. Synode in Braunschweig 1743; 16. Synode in Celle 1747; 17. Synode in Braunschweig 1754.
Im Gebiet der drei welfischen Herzogtümer Braunschweig-Lüneburg, Braunschweig-Calenberg und Braunschweig-Wolfenbüttel sowie in der benachbarten Grafschaft Schaumburg-Lippe schlossen sich 1703 die Französisch- und Deutsch-reformierten Kirchengemeinden zu einem eigenen Synodalverband, der „Niedersächsischen Konföderation", zusammen. Ihr gehörten im Laufe der Zeit französisch-reformierte Gemeinden in Celle, Braunschweig, Bückeburg, Hameln, Hannover und Lüneburg sowie die deutsch-reformierten Gemeinden in Altona, Braunschweig, Celle, Hannover, Hannoversch Münden und Göttingen an. Ein kurzes Gastspiel gab die Lübecker Gemeinde. Doch egal ob französisch- oder deutsch-reformiert: Die hugenottische Kirchenordnung (*Discipline ecclésiastique*) und das damit verbundene Glaubensbekenntnis (*Confession de foi*) besaßen für alle Gemeinden Gültigkeit.
Lit.: FLICK, S. 62; HUGUES; MOGK 1992.
Leihgeber: Evangelisch-reformierte Kirchengemeinde Celle

Nr. 3.5

Nr. 3.6

3.6 Vier Petschaften mit dem Siegel der „Niedersächsischen Konföderation"

Petschaften mit dem Siegel der Gemeinden der „Niedersächsischen Konföderation", eine Sonne mit der äußeren Inschrift *SIGIL. ECCLE. REFOR. INFER. SAX. FAEDERAT* und dem inneren lateinischen Text *AB UNO LUMEN ET VIRTUS* (Von Einem [Christus] Licht und Kraft). Alle Mitgliedsgemeinden der Konföderation verwendeten ein identisches Siegelmotiv.

Lit.: FLICK, S. 60

Leihgeber: Evangelisch-reformierte Kirchengemeinde Celle

4. Gottesdienst und Abendmahl

„Es ist in der Christenheit erforderlich ... dass jeder Gläubige ... die Versammlungen besucht ... um Gott zu ehren und ihm zu dienen." (Gottesdienstordnung 1542)

Im Mittelpunkt des Gottesdienstes der Hugenotten stand die Predigt. Eine Perikopenordnung (vorgeschriebene Texte für jeden Sonntag im Kirchenjahr) gab es nicht. Üblich waren Predigtreihen und fortlaufende Predigten über biblische Texte. Die Liturgie war schlicht und beschränkte sich weitgehend auf die Verlesung der Zehn Gebote und auf das Gebet. Statt eines Altars verwendete man einen hölzernen Abendmahlstisch (*table de communion*) ohne Kreuz und Kerzen, von dem das Brot zusammen mit dem Wein ausgeteilt wurde.

Der Pfarrer saß während des gesamten Gottesdienstes auf der Kanzel. Die Gemeinde beteiligte sich am Gottesdienst mit dem Singen von einstimmigen Psalmen unter Anleitung des Vorsängers, des *chantre*. Das Abendmahl wurde zumeist an den hohen Festtagen Weihnachten, Ostern, Pfingsten und zu Michaelis (Erntedank) gefeiert. Um die Entweihung des Abendmahls durch Unwürdige zu verhindern, hatte Calvin 1560 sogenannte *méreaux* eingeführt. Das sind Abendmahlsmarken, die jeder Teilnehmer als Zeichen seiner Würde vorzeigen musste. Sünder und Unbußfertige waren zum Abendmahl nicht zugelassen.

Das Abendmahlsverständnis von Johannes Calvin lag zwischen dem von Luther und Zwingli: Christus war in Brot und Wein geistig und nicht wie bei Luther leiblich gegenwärtig. Statt der Oblaten, wie sie in der lutherischen Kirche gebräuchlich waren, wurden im reformierten Gottesdienst kleine Weißbrotstücke gebrochen und an jeweils zwei Empfänger verteilt.

Heute besteht eine Abendmahlsgemeinschaft zwischen den evangelisch-lutherischen und den evangelisch-reformierten Kirchen, die Gliedkirchen der Evangelischen Kirche in Deutschland (EKD) sind. Festgelegt wurde dies in den Vereinbarungen der sogenannten Leuenberger Konkordie aus dem Jahr 1973.

Ausstellungsobjekte 53

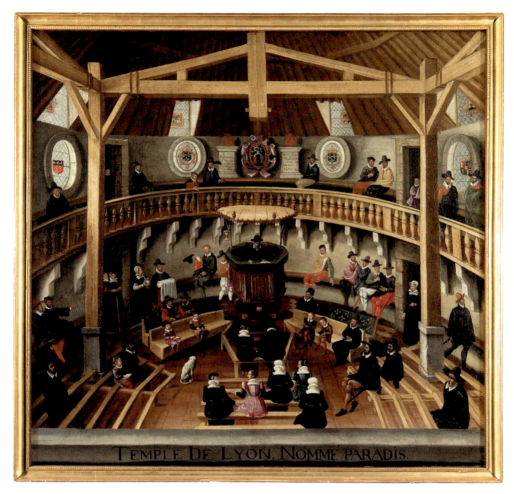

Nr. 4.1

4.1 Der „*Temple du Paradis*" in Lyon

Foto eines Gemäldes, das Jean Perrissin (1536-1611) zugeschrieben wird. Das Bild befindet sich in der Genfer Universitätsbibliothek.
Neben dem Tempel zu Charenton bei Paris wurde der Tempel von Lyon, genannt Paradiestempel, Vorbild für den Bau zahlreicher hugenottischer Kirchen im deutschen Refuge. Die nach alttestamentlichem Vorbild „Tempel" genannte Kirche wurde 1564 errichtet. Sie bekam ihren Namen, weil sie theaterähnlich wirkte (paradis = Theater mit Galerien). Sie hat keinen Altar als heiligen Ort, aber eine große Kanzel im Zentrum des Rundbaus. Der Pfarrer auf der Kanzel trug eine Kopfbedeckung. Die Verkündigung des göttlichen Wortes, *„parole de dieu"*,

Nr. 4.2.1

war der Kernpunkt des Gottesdienstes. Über der Kanzel befindet sich das neutestamentliche Liebesgebot als Mahnung an die Gemeinde.
Lit.: ELSÄSSER, S. 93-102
Foto: Bildarchiv der Deutschen Hugenotten-Gesellschaft, Bad Karlshafen

4.2 Attestate (Kirchenzeugnisse) von auswärtigen Kirchengemeinden
1. Attestat für Guillaume Annibal Labry (Uhrmacher aus Zerbst), aus Magdeburg, 1766
2. Attestat für David Causse, geboren in Magdeburg, aus Berlin, 1771
3. Attestat für Anne Catherine Hajot aus Hamburg, 1773

Reformierte aus anderen Orten, die am Abendmahl einer französisch-reformierten Gemeinde teilnehmen wollten, mussten eine Bescheinigung über ihre Kirchenzugehörigkeit (Attestat) vorlegen. Durch diese Maßnahme, die in den reformierten Kirchen in ganz Europa praktiziert wurde, sollte auch der Missbrauch der diakonischen Einrichtungen durch gewerbsmäßige Bettler und vom Abendmahl ausgeschlossene Personen verhindert werden.
Bei der Erteilung der Attestate wurden in Celle sehr strenge Maßstäbe angelegt. Bevor ein Celler Gemeindeglied, das andernorts an einem reformierten Gottesdienst teilnehmen wollte, ein Sittenzeugnis ausgestellt bekam, kündigte man den Namen der betreffenden Person von

Nous les Pasteurs & Conducteurs de la Comunauté des François Réformés de Hambourg, Attestons que

Anne Catherine Hajot

Membre de l'Eglise de Jesus Christ nôtre Sauveur, a vécu parmi nous l'espace de quelques anées asistée aux exercices Publics de dévotion, participée au Sacrement de la Sainte Cene, & se retire avec le Témoignage d'être recevable dans les autres Eglises ou elle Poura s'adresser l'a recommendant Comme telle à la grace de Dieu, & à la Communion de nos freres. Hambourg, le 13 Juillet 1773

L: J: Geraud
Pasteur & Moderateur

Jean Boué
Ancien & Sécretaire.

Je soussigné avoue que Mademoiselle Hajot a frequenté nos exercices de devotion, et participé pendant plusieurs Années avec nous au Sacrement de la St. Cène, menant au reste une vie edifiante.

Brousoie le 30 Sept:
1777.

J: de Chaufepié
Past.

Nr. 4.2.3

Nr. 4.3

der Kanzel ab, damit man gegebenenfalls dem Presbyterium über jenes Gemeindeglied Mitteilung machen konnte.

Lit.: FLICK, HACK und MAEHNERT, S. 138

Leihgeber: Evangelisch-reformierte Kirchengemeinde Celle

4.3 Méreau (Abendmahlsmarke) aus Magdeburg

Méreau aus Magdeburg, wallonische Gemeinde 18. Jahrhundert,
Messingblech,
Maße: Dm ca. 2 cm
Im Kreis: Variation des calvinischen Emblems „Herz in der Hand:" Über zwei ineinander erschränkten Händen sieht man ein beidseitig geflügeltes Herz, das nach oben schwebt. Umschrift: *MAGDEBOURG * LEGLISE WALONNE* [.].

Einer der wichtigsten Bestandteile der Lehre Calvins war die Kirchenzucht, die er in der reformierten Gemeinde in Genf gegen den Widerstand vieler einführte. Wie immer man heute darüber denken mag, für Calvin gehörte die Kirchenzucht unverzichtbar zum verbindlichen Christsein. In diesem Zusammenhang haben auch die *méreaux* (Einzahl: *méreau*) ihren Platz. Es sind Marken aus Blei, Zinn oder einem anderen unedlen Metall, die zur Teilnahme am Abendmahl der Gemeinde berechtigten. Calvin hatte 1560 die Einführung der Marken durch den Rat der Stadt Genf vorgeschlagen, um die Teilnahme Unwürdiger an der Eucharistie zu verhindern. Jedes Gemeindeglied, das zum Mahl des Herrn gehen wollte, hatte sich ein méreau bei dem Kirchenältesten seines Bezirks abzuholen. Es bekam die Marke, wenn es sich nichts hatte zuschulden kommen lassen, und in der Regel gegen Entrichtung einer Gebühr. Nach dem Abendmahl in der Kirche wurde das *méreau* dem diensttuenden Ältesten zurückgegeben. Aus den hugenottischen Gemeinden in Frankreich sind eine Anzahl von *méreaux* bekannt, ebenso aus Gemeinden des deutschen Refuge (Berlin, Erlangen, Königsberg u.a.). Im 19. Jahrhundert kamen die Abendmahlsmarken außer Gebrauch.

Lit.: DELORMEAU 1980; DELORMEAU 1983

Leihgeber: Deutsches Hugenotten-Museum, Bad Karlshafen

4.4 Aus einem Brief Calvins an Melanchthon in Wittenberg

Die Zwinglianer (Anhänger des Zürcher Reformators Huldrych Zwingli, 1484-1531) hatten auf Martin Luthers Attacke gegen ihre Abendmahlslehre trotz Johannes Calvins Bitte zur Mäßigung scharf geantwortet, darauf Luther, den Calvin „*Perikles*" nennt, noch gröber. Philipp Melanchthon war in der Abendmahlsfrage unentschieden geblieben.

Genf, 28. Juni 1545

„Könnt' ich doch so, wie mich das Mitleid mit deiner Traurigkeit ängstigt, ja eigentlich quält, dir auch irgendwie Erleichterung verschaffen! Wenn die Verhältnisse so sind, wie die

*Zürcher sie darstellen, so hatten sie allerdings gerechte Ursache zu schriftlicher Erwiderung. Aber entweder hätten sie anders schreiben oder ganz schweigen sollen [...]
Die Zürcher haben schlimm angefangen; wohin aber lässt sich euer Perikles [Luther] in seinem maßlosen, blitzeschleudernden Zorn reißen? Besonders da doch seine Sache um nichts besser ist. Und was bewirkt denn ein solches Lärmen, als dass alle Welt ihn für rasend hält? Ich wenigstens, der ich ihn von Herzen verehre, schäme mich heftig für ihn. Aber das Schlimmste ist, dass niemand es wagt, zur Unterdrückung solch ungebührlichen Benehmens sich ihm zu widersetzen, ja nur zu mucksen. Wir sind ihm alle viel Dank schuldig, das gebe ich zu. Auch ich ließe ihn gern als größte Autorität gelten, wenn er sich nur selbst zu mäßigen wüsste.
Freilich muss man in der Kirche stets vorsichtig darauf achten, wie weit man einem Menschen Macht überträgt. Es ist um die Kirche geschehen, wo ein Einzelner mehr vermag als alle übrigen zusammen, besonders wenn er ohne Bedenken probiert, wie groß seine Macht ist. So zerfahren, wie wir die Sache nun sehen, ist's schwer, wieder Ordnung in das Wirrsal zu bringen [...].
Aber, sagst du, er [Luther] ist gar heftiger Art und hat Anfälle von Wildheit. Als ob diese Heftigkeit nicht gerade noch mehr zum Ausbruch käme, wenn alle Nachsicht damit üben und ihr alles erlauben. Wenn schon gleich bei Beginn der Wiedergeburt der Kirche ein solches Beispiel von Tyrannei auftaucht, was soll in Bälde geschehen, wenn die allgemeinen Verhältnisse sich verschlechtern? So wollen wir das Unglück der Kirche beklagen, aber nicht nur schweigend diesen Schmerz in uns verwinden. Wir wollen es wagen, einmal unseren Klagen freien Ausdruck zu geben. Hat nicht die Zulassung des Herrn dich vielleicht gerade deshalb in diese Nöte gebracht, um dir ein vollständigeres Bekenntnis in dieser [Abendmahls]frage abzunötigen? Es ist ganz richtig, was du lehrst, das gebe ich zu, und wenn du durch deine milde Lehrart bisher gesucht hast, die Geister vom Zanken abzuhalten, so lobe ich diese deine Mäßigung. Aber wenn du gerade diese Frage wie eine böse Klippe umsegelst, um gewissen Leuten kein Ärgernis zu geben, so lässest du doch dadurch sehr viele andere in der Schwebe und im Ungewissen, die etwas Sicheres von dir verlangen, womit sie sich beruhigen können.
Wie ich dir schon einmal gesagt habe – glaube ich – ist es nicht gerade ehrenhaft für uns, die Lehre nicht einmal mit Tinte bezeugen zu wollen. Für deren Bezeugung die meisten Heiligen ohne Zögern ihr Blut hergäben. Zu solcher vollständigen, deutlichen Erklärung deiner Meinung will dir vielleicht Gott eben jetzt einen Weg öffnen, damit die Leute, die von deiner Autorität abhängen – und deren sind, wie du weißt, sehr viele – nicht beständig im Zweifel stecken bleiben.
Ich sage das aber nicht, um dich zu reizen, sondern um dich zu trösten. Hätte ich nicht die Hoffnung, aus diesem lärmenden Streit könnte etwas Derartiges entstehen, ein viel herberes Leid ergriffe mich. Freilich wollen wir ruhig den Ausgang abwarten, den Gott der Sache geben will, und unterdessen ungebrochenen Mutes unsern Lauf vollenden [...].
Gott aber danke ich ohne Aufhören, dass er es so gefügt hat, dass in der Hauptsache der Frage, mit der wir an dich gelangt waren, unsere Ansichten übereinstimmten. Wenn auch in einigen Punkten ein kleiner Unterschied besteht, so sind wir doch aufs Beste eins geworden in der Sache selbst.
Lebe wohl.
[Genf] 28. Juni 1545"*
Aus: SCHWARZ, Briefe I, S. 218.

5. Calvin und die religiöse Unterweisung

„Alle Menschen sind da, um Gott zu erkennen." (Genfer Katechismus 1537)

Mitentscheidend für den Erfolg der Reformation im 16. Jahrhundert war die religiöse Unterweisung der Laien, vor allem der junger Menschen. Berühmt sind Martin Luthers Großer und Kleiner Katechismus. Calvin verfasste 1537 einen Katechismus, der 1545 seine endgültige Gestalt fand. In Frage und Antwort verfasst, wurde er in zahlreiche Sprachen übersetzt und gelangte auch in die Hugenottengemeinden in Deutschland. Der „Genfer Katechismus" wurde im Lauf der Zeit zum grundlegenden Lehrbuch aller Kirchen französischer Sprache und oft in die Psalmenbücher integriert.

Im deutschen Refuge trat nach der Synode von Dordrecht 1618/19 neben den Katechismus Calvins der Heidelberger Katechismus. Er sollte unter anderem die Lehrunterschiede im lutherischen und reformierten Protestantismus überwinden. Der Heidelberger Katechismus wurde in 40 Sprachen übersetzt und bei den Reformierten in aller Welt zur Grundlage der religiösen Unterweisung, auch in vielen Hugenottengemeinden im deutschen Refuge.

In Hessen gab der Hugenottennachkomme Hermann von Roques Anfang des 19. Jahrhunderts den mit Bibelsprüchen angereicherten Heidelberger Katechismus heraus, der in französisch- und deutsch-reformierten Gemeinden Verwendung fand. Aus ihm ging später der Hessische Katechismus hervor, der den Heidelberger Katechismus mit Luthers Katechismus vereinte.

5.1 Katechismus von Charles Drelincourt 1783

Charles Drelincourt: Catechisme ou Instruction familière sur les principaux points de la religion chrétienne. Augmentée de l'abrégé de l'histoire sainte. Septième Edition, revuë et corrigée, selon la dernière intention de l'Auteur, Jean Pierre Deny Cassel 1783, 168 S.

Pfarrer Charles Drelincourt (1595-1669) ließ neben anderen Druckwerken 1652 einen Katechismus erscheinen, der sich in Frage und Antwort an die jungen Menschen wendet, die vom Verfasser im Vorwort angesprochen werden. Der Katechismus wurde in den französisch-reformierten Gemeinden gern benutzt. Diese in Kassel bei dem Hugenotten Jean Pierre Deny 1783

Nr. 5.1

gedruckte Ausgabe wurde u.a. auch in Karlshafen und Gewissenruh eingeführt. Von dort stammt das vorliegende Exemplar.

Leihgeber: Privat

5.2 Charles Drelincourt

Kupferstich von M.B. 1765, Maße: 17 x 11 cm

Charles Drelincourt (1595-1669) im Brustbild nach halbrechts mit Talar und Beffchen. Nach einem glanzvollen Studium der Theologie an der Akademie von Sedan, seiner Heimatstadt, und der Akademie von Saumur beauftragte ihn 1620 das Konsistorium von Paris mit der Gemeinde von Paris-Charenton als Nachfolger von Pierre Du Moulin, wo er sein Amt bis zu seinem Tod ausübte und sich großes Ansehen als Prediger erwarb. Der im Alter von 70 Jahren abgebildete calvinistische Theologe hat u.a. 1652 einen Katechismus geschrieben, der in Karlshafen und anderen Refugegemeinden im Gebrauch war.

Leihgeber: Deutsche Hugenotten-Gesellschaft, Bad Karlshafen

5.3 Katechismus von Hermann von Roques 1838

Hermann von Roques: Der Heidelberger Katechismus mit Bibelsprüchen. Zum besseren Verständnisse für die Katechumenen, Marburg 1838, V u. 111 S.

Neben den auf Calvin zurückgehenden Katechismen von Drelincourt und Osterwald fand der Heidelberger Katechismus Einzug in die deutschen Hugenottengemeinden. Er war von der Synode in Dordrecht für die reformierten Gemeinden empfohlen worden. Dieser Katechismus mit eingeschossenen leeren Blättern für eigene Notizen wurde z.B. in Frankenhain in Hessen dem Konfirmandenunterricht zu Grunde gelegt. Der hessische Metropolitan Hermann Daniel Heinrich von Roques (1797-1866), der als Hugenottennachkomme in Frankenhain geboren wurde, bearbeitete ihn für den Unterricht mit hinzugefügten Bibelstellen.

Leihgeber: Privat

6. Calvin und der Psalmengesang in den Hugenottengemeinden

„Wir wissen aus Erfahrung, dass der Gesang große Kraft und Macht hat, die Herzen der Menschen zu bewegen und zu entflammen." (1542)

Nr. 5.2

Ein charakteristisches Kennzeichen des reformierten Gottesdienstes in Frankreich war der einstimmige Psalmengesang, der ohne Orgelbegleitung erfolgte. Ein französisches Psalmenbuch in Versform erschien 1539 in Straßburg mit einigen Psalmen von Clément Marot (1496-1544) und Johannes Calvin. 1541 führte Calvin auch in Genf den Psalmengesang in den Gottesdiensten ein. Das erste vollständige französisch-reformierte Psalmbuch mit den 150 alttestamentlichen Psalmen erschien 1562 und wurde schon vor 1565 ins Deutsche übersetzt. Viele Musiker der Zeit schufen vier- oder mehrstimmige Sätze zu den Melodien. Den „Genfer Psalter" bzw. „Hugenottenpsalter" nahmen die Réfugiés mit in ihre neue Heimat. Nach 1685, als König Ludwig XIV. den Druck religiöser protestantischer Schriften in Frankreich verboten hatte, wurden auch in den deutschsprachigen Zufluchtsländern eigene Psalter für die französisch-reformierten Gemeinden gedruckt. Das letzte in Deutschland gedruckte Gesangbuch in französischer Sprache erschien 1898 in Elberfeld.

Viele „Hugenottenpsalter" waren prunkvoll eingebunden und mit einem künstlerischen Frontispiz ausgestattet. In Berlin fertigte der Hugenottennachkomme Daniel Chodowiecki (1726-1801) für drei Psalmenbücher verschiedene Radierungen mit dem Motiv des Harfe spielenden Königs David.

Einige Pfarrer der Flüchtlingsgemeinden versuchten schon um 1700, deutsche Lieder in ihren Gottesdiensten einzuführen. Im sogenannten „Liederstreit" beschwerte sich zum Beispiel der Kirchenvorstand der Hofgeismarer Hugenottengemeinde bei Landgraf Karl über das eigenmächtige Handeln ihres Pfarrers David Clément, der neue Lieder einführen wollte. Trotz des Widerstandes in einigen französisch-reformierten Gemeinden erschienen zunehmend Gesangbücher mit Psalmen und Liedern, in Erlangen zum Beispiel auch reine Liederbücher. Nach dem Ersten Weltkrieg kam es in den deutschen Hugenottengemeinden zu einer Renaissance des Psalmengesangs. Vor allem der Gießener Professor und Vorsitzende des Deutschen Hugenotten-Vereins, Leopold Cordier (1887-1939), setzte sich für die Erneuerung des Psalmengesangs ein. 1924 veröffentlichte er ausgewählte Psalmen als „50 Hugenottenlieder". Das heutige Evangelische Gesangbuch (EG) enthält zahlreiche Psalmlieder mit den Originalmelodien aus dem 16. Jahrhundert. Die Ausgabe für die Evangelisch-reformierte Kirche (Synode evangelisch-reformierter Kirchen in Bayern und Nordwestdeutschland) und die Evangelisch-altreformierte Kirche in Niedersachsen hat den Liedern alle 150 Psalmen vorgeschaltet.

6.1   Clément Marot
Kupferstich von Caspar Bouttats, nach Henricus Verbruggen (ca. 1655-1724), Maße: 29 x 18 cm
Der Dichter der hugenottischen Psalmen Clement Marot (1496-1544) im Oval. Die Staffage gleicht der des Calvin-Stiches. Darunter die Schrift: *Clemens Marot Geboren te Cahors in Quèrcy En gestorven te Turin 60 Jaren oude Synde.*
Leihgeber: Privat

6.2   Joannes Calviin
Kupferstich von Caspar Bouttats (ca. 1625- ca. 1695), nach Henricus Verbruggen,
Maße: 31 x 19 cm
In einem Rechteck in der Mitte der Reformator im Brustbild nach rechts mit Barett, spitzem Bart und Pelzkragen, dahinter ein Vorhang, der oben rechts von einer Sirene mit Schmetterlingsflügeln, unten von einer hässlichen Frauengestalt gehalten wird. Es ist der personi-

Ausstellungsobjekte

Nr. 6.1

Nr. 6.2

fizierte Neid, der ein Herz anknabbert. Ratten haben Bücher zerfressen. Darunter die Schrift: *Joannes Calviin / Is geboren te Noyon in Vranckeryck op den / 10 July 1509.* Calvin gab in Straßburg das erste Psalmbuch mit nur 16 Psalmen heraus.
Lit.: DOUMERGUE, Nr. 117
Leihgeber: Privat

6.3 Einführung neuer Lieder im hugenottischen Gottesdienst
Handschriftliche Petition der Ältesten und die Familienväter der Französisch-reformierten Gemeinde in Hofgeismar an das Konsistorium des hessischen Landgrafen Carl in Kassel vom 23. März 1715.
Die Ältesten und die Familienväter der Französisch-reformierten Gemeinde in Hofgeismar führen in ihrer Petition vom 23. März 1715 an Landgraf Carl von Hessen sechs Gründe gegen das Singen der neuen *Cantiques* an, die in Genf gedruckt wurden und Weihnachten 1714 nach Einführung durch Pfarrer David Clément Spaltungen in der Gemeinde verursachten:
> 1. qu'il est porté par La Disipline Eclesiatique de France, que Les Psaumes serant chantes reguillieremont, et avec devotion, et toute nouveauté est defendu S.A.A.mnous ayont accordé Sa Liberte d'agir conformemant a La Discipline de France.

2. qu'il n'appartient pas à une Église particulierre dindroduire aucune nouveauté sans Lauthorizé De Leur Souverains tels qu'etoint autre fois Les Sinodes nationnaux en France, et tels que sont dans ce Pays vos Excellances.
3. que ces Cantiques n'ont jamais été pratiques dans Les Eglises De France qu'ils ne sont point aussi dans aucune Eglise refugiee Dallemagne,
4. que cette nouveauté pouvont causer de La Division dans L'église.
5. Et est à consideres qu'n Pasteur avec quelques anciens non pas le droit Dintroduire une nouveauté dans L'église, sans avoir L'approbation de Vos Excellances.
6. quil n'y a aucune necesité de chanter les dits Cantiques puis qu'il y à sufisamment des Psaumes tres propres pour toute sorte d'occasion tant pour demander a Dieu son secours, que pour luy randre graces de ses bien faits, toutes ces raisons obligent les supplians davoir recours à Vos Excellances pour les prier tres humblement pour faire de fancers audit Sr. Clemant leur Pasteur.

Ins Deutsche übertragen:
1. Die französische Kirchenordnung bestimmt, dass die Psalmen regelmäßig und mit Andacht gesungen werden sollen; und jede Neuerung ist verboten, [weil] Ihre Hoheit [der Landgraf] uns die Freiheit gegeben hat, nach der französischen Kirchenordnung zu handeln.
2. Es steht einer Einzelgemeinde nicht zu, irgendwelche Neuerungen einzuführen ohne die Genehmigung einer höheren Instanz, so wie es früher in Frankreich die Nationalsynode war, und wie es in diesem Land Eure Excellenz [der Landgraf] ist.
3. Diese [neuen] Lieder sind nie praktiziert worden, weder in den Kirchen in Frankreich, noch in einer Flüchtlingsgemeinde in Deutschland.
4. Diese Neuerungen können Spaltungen in der Kirche bewirken.
5. Und man muss in Betracht ziehen, dass ein Pfarrer mit einigen Ältesten nicht das Recht hat, Neuheiten in der Kirche ohne Zustimmung des Landesherrn einzuführen.
6. Es besteht keinerlei Notwendigkeit, die genannten Lieder zu singen, weil es genügend passende Psalmen für jeden Anlass gibt, sowohl um Gottes Beistand zu erbitten als auch um ihm für seine Wohltaten zu danken.

Nr. 6.4

Ausstellungsobjekte

7. Alle diese Gründe verpflichten die Antragsteller, sich an den Landgrafen zu wenden, um sehr ergeben zu bitten, Herrn Pfarrer Clément Einhalt zu gebieten.
Leihgeber: Evangelischer Kirchenkreis Hofgeismar

6.4 König David mit der Harfe
Titelblatt aus: *Les Psaumes De David*, Arnaud Dusarrat, Berlin 1730, 344 S., Maße: 15 x 8,5 cm
Das bei dem hugenottischen Hofbuchdrucker A[rnaud] Dusarrat 1730 gedruckte Psalmbuch mit Noten hat als Titelkupfer den alttestamentarischen König David. Nach den Psalmen folgen Gebete für den Gottesdienst, die Taufe, die Eheschließung, das Abendmahl, die Lobgesänge, der Dekalog und das Glaubensbekenntnis. Arnaud Dusarrat (1666-1733) stammte aus Bayonne in der Gascogne und kam über Halle nach Berlin.
Leihgeber: Privat

6.5 Cantiques Sacrez, Erlangen 1717
Cantiques sacrez pour les principales solennitez des chrétiens, Marc Boucoiran Christian-Erlang 1717, 62 S., 8°
Die Zusammenstellung von zehn Liedern zu den Festtagen und zu besonderen Gelegenheiten erfolgte auf eigene Kosten durch den Erlanger Kantor Marc Boucoiran (1667-1741) im Jahr 1717. Boucoiran stammte aus Moussac im Languedoc und war von Beruf Strumpfwirker. Er lebte im Refuge in Schwabach und Erlangen.
Leihgeber: Ev.-ref. Kirchengemeinde Celle

6.6 Französischsprachige Psalmentafel
Weichholz, farbig gefasst und vergoldet, frühes 18. Jh. (2000 restauriert),
Maße: 103 x 91 cm
Schrifttafel aus der im Jahr 1700 von Hugenotten erbauten Evangelisch-reformierten Kirche in Celle. Die mit zwei weiteren Farbfassungen und zuletzt mit einem grauen Farbanstrich übermalte Tafel wurde zusammen mit einer weiteren Psalmtafel im Jahre 2000 bei Restaurierungsarbeiten in der Decke des Orgelgehäuses wieder entdeckt. Die restaurierte Tafel zeigt Psalm 147,7. Grundlage ist die französische Bibelübersetzung von David

Nr. 6.5

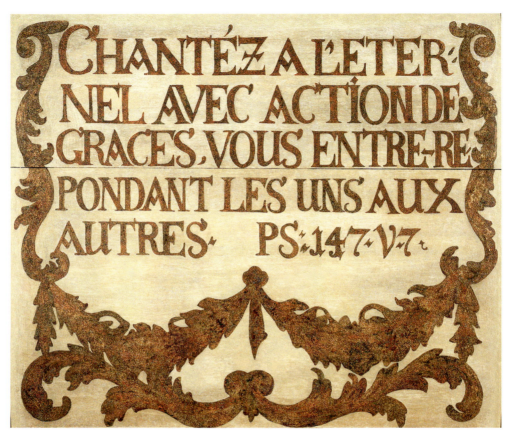

Nr. 6.6

Martin. In der Lutherbibel lautet der Vers: *"Singt dem HERRN ein Danklied und lobt unseren Gott mit Harfen."*
Leihgeber: Ev.-ref. Kirchengemeinde Celle

6.7 Der Psalter
Gütersloh 1997, 377 S. (Sonderdruck des Psalters aus der reformierten Ausgabe des EG)
Die Ausgabe des 1996 erschienenen Evangelischen Gesangbuchs (EG) für die Evangelisch-reformierte Kirche (Synode evangelisch-reformierter Kirchen in Bayern und Nordwestdeutschland) und die Evangelisch-altreformierte Kirche in Niedersachsen hat den Liedern die kompletten 150 Psalmen vorgeschaltet. Dem Psalter sind die Genfer Melodien vorgegeben. Auch wenn einzelne Neubereimungen aufgenommen wurden, sind soweit wie möglich die Bereimungen von Matthias Jorissen erhalten geblieben.
Leihgeber: Deutsche Hugenotten-Gesellschaft, Bad Karlshafen

7. Calvin und die Bilder

„Gott verbietet uns irgendein Abbild zu machen. Dienst und Verehrung Gottes sind geistiger Natur." (Genfer Katechismus 1537)

Johannes Calvin folgte im Gegensatz zu Martin Luther nicht der mittelalterlichen Zählung der Zehn Gebote. Er übernahm den Dekalog in der biblischen Fassung mit dem 2. Gebot: *Du sollst dir kein Bildnis noch irgendein Gleichnis machen, weder von dem, was oben im Himmel, noch von dem, was unten auf Erden, noch von dem, was im Wasser unter der Erde ist. Bete sie nicht an und diene ihnen nicht* (2. Mose 20,4).
Calvin vertrat die Meinung, dass Dienst und Verehrung Gottes geistiger Natur sind. Deshalb sollten Anbetung und Verehrung von Heiligenfiguren und Heiligenbildern und das Küssen des Kreuzes unterbleiben. Der Genfer Reformator war aber kein Bilderstürmer. Er verurteilte vielmehr 1561 in einem Brief an einen reformierten Pfarrer in den Cevennen dessen *„tolle Tat, Bilder zu verbrennen und ein Kreuz umzuhauen"*.
1566 kam es in den Niederlanden zu einem Bildersturm. Die Zerstörer beriefen sich dabei auf Calvin. Ausgehend von Antwerpen zerstörten Calvinisten in wenigen Stunden zahlreiche Kunstwerke in niederländischen Kirchen. Dies führte zu Protesten nicht nur der katholischen Priester, sondern auch des Volkes.
Die Hugenotten in Deutschland waren nicht kunstfeindlich, verzichteten aber auf Bilder, Kreuze und Kerzen in ihren Gotteshäusern. Bei Einführung des reformierten Glaubens in deutschen Territorien kam es nur vereinzelt zu Exzessen. Daniel Chodowiecki (1726-1801) für Brandenburg und Jan Luyken (1672-1708) für das hessische Marburg stellten die Zerstörungen bildlich dar.
Viele ehemals französisch-reformierte Gemeinden in Deutschland haben sich an die lutherische Ausgestaltung ihrer Kirchen angepasst, so zum Beispiel in Kassel und Bad Karlshafen. Die Friedrichstadtkirche in Berlin, die Evangelisch-reformierte Kirche in Celle und andere reformierte Kirchen sind bis heute der schlichten Gestaltung treu geblieben. Hier ersetzt der Abendmahlstisch den Altar und als Schmuck finden sich neben biblischen Schrifttafeln nur Blumen. In alter hugenottischer Tradition weisen z.B. in Celle, Hanau, Neu-Isenburg und Schwabach Dekalogtafeln auf das Zentrum des Gottesdienstes hin.

7.1 Die Evangelisch-reformierte Kirche in Celle
Innenansicht der 1700 von Hugenotten erbauten Kirche nach der Restaurierung 2003.
1753 äußerte Zacharias Conrad von Uffenbach über die Reformierte Kirche in Celle: *„Sie ist nicht wie eine Kirche, sondern wie ein Wohnhaus, so aus einem großen Saale besteht; es ist darin gar nichts zu sehen."* Damit mehr Geld den Armen zukam, sollten nach Johannes Calvin die Kirchen von *„maßvoller Schlichtheit"* geprägt sein. Die Konzentration auf die Wortverkündigung wurde durch das mit dem zweiten Gebot (2. Mose 20,4) begründete Fehlen von Bildern und Kruzifixen verstärkt. Die Hochachtung der Zehn Gebote dokumentiert in Celle die für Hugenottenkirchen typische Tafel mit den Zehn Geboten und dem Doppelgebot der Liebe. Sie zählt zusammen mit der Kanzel, den zwei Psalmentafeln, den Liednummertafeln und der Fürstenloge zum ältesten Inventar des *„Templum a gallis reformatis*

Nr. 7.1

aedificatum" (von den reformierten Franzosen erbauten Tempel). Das Kirchengebäude ist der einzig erhaltene Hugenottentempel in Nordwestdeutschland.
Lit.: FLICK 2000, S. 58-101
Foto: Ulrich Loeper

7.2 Die Reformierte Karlskirche in Kassel
Die im Zweiten Weltkrieg 1943 zerstörte Hugenottenkirche in der Kasseler Oberneustadt wurde von dem aus Paris stammenden Hofbaumeister Paul du Ry (1640-1714) als Oktogon geplant und ausgeführt. Sie wurde 1957 auf dem Grundriss der alten Kirche wiederaufgebaut, im Inneren jedoch dem Zeitgeist angepasst mit einem Altar und Kerzen unter der Kanzel.
Lit.: DESEL, S. 16-23
Foto: Bildarchiv der Deutschen Hugenotten-Gesellschaft, Bad Karlshafen

7.3 Bilderstürmer zerstören Heiligenbilder
Maße: 16,5 x 13,5 cm
Aus: Historie van de kettery der beeldstormers, en van d'overbrenging des keizerrijks op de Franschen. / In't Fransch beschreeven door den Vader Louis Maimburg ...; en uit die taal in't Nederduitsch gebracht door G. v. Broekhuizen; Vercierd met schoone kopere plaaten [21], Timotheus ten Hoorn Amsterdam, 412 S., [16] S., [5] Bl., gestochenes Titelblatt, 4°.
Frontispiz zu der „Geschichte der Ketzerei der Bilderstürmer" von Louis Maimbourg (1610-1686), der als Jesuit die calvinistischen Bilderstürmer anklagte. Die französische Erstausgabe erschien 1674.
Leihgeber: Privat

7.4 Aufruhr in der Marburger Pfarrkirche 1605

Foto einer Zeichnung aus dem Jahr 1695 von Jan Luyken (1649-1712), Maße: 14 x 20 cm
Moritz von Hessen-Kassel (1572-1632) führte die reformierte Lehre in seiner Landgrafschaft ein. Der Widerstand seiner lutherischen Untertanen in Marburg und im Werragebiet war die Folge. In Marburg boykottierten 1605 Lutheraner den reformierten Gottesdienst und vertrieben die reformierten Prediger. In einer Strafaktion ließ der Landgraf Bildwerke in der Marburger Pfarrkirche als „papistisch" entfernen. Auch in anderen Städten Hessens kam es zu bilderstürmerischen Handlungen. In der Rückschau betrachtete Jan Luyken, der bekannte Illustrator der Hugenottenverfolgungen und -flucht, die Ereignisse von 1605. Nach seiner Zeichnung erschien in der *Historischen Chronik* von Johann Gottfried Arnold 1698 ein Kupferstich.

Nr. 7.2

Lit.: BORGGREFE; KÜMMEL
Foto: Bildarchiv der Deutschen Hugenotten-Gesellschaft Bad Karlshafen

8. Calvin und die Armenpflege

„Gehet hin in Frieden und vergesst die Armen nicht."

Mit diesen Worten entließ der Pfarrer seine Gemeinde nach dem Gottesdienst in den Alltag. Die Sorge für die Bedürftigen ist ein Erbe Calvins, der das altkirchliche Amt des Diakons (*diacre*) wieder einführte. Der Diakon sollte mit seinem Handeln bezeugen, dass neben dem Glauben die Nächstenliebe in der Nachfolge Christi unverzichtbar ist.
Auch im deutschen Refuge blieb das Diakonenamt bestehen. Diakone verteilten Gaben aus der Gemeinde an die eigenen und fremden Bedürftigen. Über die Ausgaben führten sie Rechnungsbücher, die sich in fast allen hugenottischen Gemeinden erhalten haben. Jeder Einzelne leistete seinen Beitrag zur Diakonie über Kollekten und mit Spenden, mit *Dons* (Stiftungen) und Vermächtnissen.
In größeren städtischen Réfugiégemeinden wurden diakonische Einrichtungen gegründet und aus Gemeindemitteln finanziert. Vorbildlich ist dabei die große Französische Kirche zu Berlin. Sie gründete ein Französisches Hospital für Alte und Kranke, ein Kinderhospital und ein Französisches Waisenhaus (*Maison des Orphelins*). In der *Ecole de Dimanche* wurden am Sonn-

Nr. 7.3

Ausstellungsobjekte 69

Nr. 7.4

tag Lehrlinge unterrichtet und in der *Ecole de Charité* Kinder von armen Gemeindemitgliedern. Schließlich gab es eine Armenbäckerei, *Marmite* genannt, und die Französische Holzgesellschaft unterstützte Mittellose mit Heizmaterial. In anderen städtischen Gemeinden war das diakonische Netzwerk weitmaschiger. In Kassel zum Beispiel gab es aber ein Hospital, in dem auch die Hugenotten aus den umliegenden Gemeinden Hilfe fanden.

8.1   Mädchenpuppe in Hospizkleidung
Mädchenpuppe in Hospizkleidung der diakonischen Einrichtung der Französischen Kirche zu Berlin zur 50-Jahr-Feier 1894. Nachbildung von 1985. Geschenk von Frau Eva Maria Fähnrich, Berlin.
Leihgeber: Deutsches Hugenotten-Museum, Bad Karlshafen

8.2   Privileg des Französischen Waisenhauses zu Berlin 1723
Privilege de la Maison des Orphelins François. Du 10. Decembre 1723. Gedruckt bei Jean Grynaeus Berlin.
Das Französische Waisenhaus zu Berlin wurde 1718 auf Initiative des Leipziger Kaufmanns Jacques Gailhac gegründet und 1723 durch den preußischen König Friedrich Wilhelm I. privilegiert.
Lit.: FUHRICH-GRUBERT, S. 28-30
Leihgeber: Deutsche Hugenotten-Gesellschaft, Bad Karlshafen

8.3 Eduard Muret: Geschichte des Kinderhospiz der franz.-reformierten Gemeinde (Hospice pour les enfans de l'Eglise du Refuge) in Berlin, Friedrichstraße 129

Festschrift zur Feier des 50jährigen Bestehens dieser Anstalt im Auftrag der Generaldirektion des Hospiz, Berlin 1884.

Zur 50-Jahr-Feier des Kinder-Hospizes (*Petit Hôpital*) 1894 in der Friedrichstraße zu Berlin erschien eine Geschichte der diakonischen Einrichtung, die mit der angeschlossenen *École de Charité* auch pädagogische Bedeutung hatte. 1897 wurde die Schule geschlossen, 1922 das Kinderhospiz.

Lit.: FUHRICH-GRUBERT, S. 33-38

Leihgeber: Deutsche Hugenotten-Gesellschaft, Bad Karlshafen

Nr. 8.1

8.4 Bemalte Holzkiste mit den Nachlasspapieren der Apothekerwitwe Fondousme, 1750
36 x 27 x 17,5 cm

Die Hélène Fondousme, geb. Caillot des Marthes, verstarb in Celle am 20. Mai 1750 im Alter von ca. 73 Jahren. Sie war die Witwe des Feldapothekers André Fondousme, der am 27. April 1714 in Celle im Alter von 44 Jahren gestorben war. Heute erinnert in Celle die Fundumstraße an diese Hugenottenfamilie. Der Nachlass wurde von der Französisch-reformierten Kirchengemeinde geregelt.

Lit.: FLICK, HACK und MAEHNERT, S. 142 f.

Leihgeber: Evangelisch-reformierte Kirchengemeinde Celle

9. Prädestiniert zum Erfolg

„Die Kenntnis des Grundes, weswegen der Herr den einen gegenüber von seiner Barmherzigkeit Gebrauch macht und den anderen gegenüber die Strenge seines Gerichts übt, müssen wir ihm überlassen." (Genfer Katechismus 1537)

Calvin konnte sich auf Martin Luther und den Kirchenvater Aurelius Augustin (354-430) berufen, als er seine Lehre von der Prädestination entwickelte. Danach ist das Leben jedes Menschen zum Guten oder Bösen vorherbestimmt. Erwählung oder Verwerfung, Heil oder Unheil sind sein Schicksal. Diese theologisch-geistliche Definition hatte Auswirkungen auf das tägliche Handeln. Calvinisten sahen in einem erfolgreichen Berufsleben die äußerlich

Nr. 8.4

sichtbaren Zeichen ihrer Erwählung. Mit ihrer Rückbesinnung auf den göttlichen Ursprung eines gelungenen Lebens waren sie allerdings auch bereit, ihren Mitmenschen zu helfen. Deshalb war der wirtschaftliche Erfolg kein Gegensatz zu Armenfürsorge und Stiftertätigkeit. Diakonisches helfendes Handeln war in vielen hugenottischen Gemeinden in Deutschland zu finden.

Max Weber (1864-1920) sah im Calvinismus die geistigen Wurzeln des modernen Kapitalismus. Gerade in den westlichen Demokratien habe sich das geistige Erbe Calvins als Verpflichtung zu erfolgreichem wirtschaftlichen Handeln ausgewirkt. Max Weber schenkte allerdings dem zentralen Grundgedanken der calvinischen Wirtschaftsethik, das nicht den Erfolg des Einzelnen, sondern das Wohl des Gemeinwesens im Blick hat, zu wenig Beachtung. Heute wird die Kapitalismus-These von Max Weber als zu kurzschlüssig abgelehnt.

9.1   Hermann Gruson (1821-1895)

Foto einer Verdienstmedaille für treue Mitarbeit in der Magdeburger Maschinenfabrik Grusonwerke von Hermann Held, ca. 1886. Dm: 5,5 cm

Vorn: Brustbild nach rechts mit Umschrift. Rückseite: eine weibliche Person reicht einem Schmied einen Ehrenkranz. Der aus einer Hugenottenfamilie stammende Hermann Gruson gründete 1855 eine Maschinenfabrik mit Gießerei, die u.a. Rüstungsaufträge des preußischen Militärs ausführte. Gruson war aber auch Botaniker. Er besaß die größte Kakteensammlung Europas.

Foto: Bildarchiv der Deutschen Hugenotten-Gesellschaft, Bad Karlshafen

9.2   Zwei Reclamhefte

a) *Emanuel Stickelberger: Die Bluthochzeit, Erzählung*, Leipzig 1942, 71 S.
Eine historische Erzählung von Emanuel Stickelberger (1884-1962) über die Ereignisse der Bartholomäusnacht, in der tausende Hugenotten niedergemetzelt worden sind.

Nr. 9.2

b) *Felix Govean: Die Waldenser. Historisches Drama in fünf Akten*, Leipzig o. J., 62 S.
Das historische Drama des italienischen Schriftstellers Felix Govean (1819-1898) in fünf
Akten erschien in der Reclamreihe erstmals 1869.
Leihgeber: Deutsches Hugenotten-Museum, Bad Karlshafen

9.3   MAN HAT ES ODER HAT ES NICHT

Nur als Furioso nichts erstreben
Und fechten, bis der Säbel bricht;
Es muss sich dir von selber geben –
Man hat es oder hat es nicht.

Der Weg zu jedem höchsten Glücke,
Wär' das Gedräng auch noch so dicht,
Ist keine Beresina-Brücke –
Man hat es oder hat es nicht.

Glaub nicht, du könnt'st es doch erklimmen
Und Woll'n sei höchste Kraft und Pflicht;
Was ist, ist durch Vorherbestimmen, -   Theodor Fontane 1888
Man hat es oder hat es nicht.   Aus: HFA I, 6, S. 386

Ausstellungsobjekte

10. Calvin-Jubiläen

„All das, was, was ich getan habe, ist im Grunde nichts wert ... Wenn es aber auch etwas Gutes gegeben hat, so richtet euch danach und befolgt es." (1564, Abschiedsrede an die Pfarrer in Genf)

In den deutschen Hugenottengemeinden wurde das Andenken an den „Kirchenvater" Johannes Calvin bewahrt. Das belegen vor allem die Feiern, Vorträge und Festveranstaltungen zu seinem 400. Geburtstag im Jahr 1909. In der Französischen Kirche zu Berlin wurde die Wertschätzung Calvins 1885 mit der Errichtung eines Calvin-Denkmals und 1935 mit einer Calvin-Tafel in Bronze zum Ausdruck gebracht.
„Das allgemeine Calvin-Bild ist deshalb negativer gezeichnet als das Bild Luthers oder Zwinglis, weil Calvin immer 'ille Gallus' (jener Franzose) blieb. Anders als Luther in Deutschland und Zwingli in der Schweiz hat Calvin keine Karriere als 'Nationalheiliger' antreten können. Das hat ihn ungleich angreifbarer gemacht" (BRÖHENHORST u. DEGENHARDT, S. 37). In Deutschland sah man in Calvin, ganz im Gegensatz zu Martin Luther, vorwiegend den sittenstrengen Autokraten, der mit seiner Kirchenzucht den Genfern die Freude am Leben nahm. Auch machte man ihn verantwortlich für den Feuertod des spanischen Arztes Michael Servet (1511-1553) in Genf am 27. Oktober 1553. Stefan Zweig hat mit seinem 1936 erschienenen Buch *Castellio gegen Calvin, ein Gewissen gegen die Gewalt*, die Vorurteile gegen Calvin noch geschürt. Das Calvin-Gedenken 2009 soll das verzerrte Calvinbild korrigieren und seine Bedeutung für unsere Zeit herausstellen. In seinen Briefen kann man einen warmherzigen und mitfühlenden Mensch erkennen, der seinen hugenottischen Glaubensfreunden Trost, Mut und Hoffnung schenkte.

Nr. 10.1

10.1 Medaille auf Johannes Calvin von Karlsteen o.J. [17. Jahrhundert]
Medailleur: Arvid Karlsteen (1647-1718), Dm: 44,3 mm. Material: Silber
Vs.: Brustbild des Reformators mit Bart, Kopfbedeckung und Mantel nach rechts. Umschrift: *JOHANNES CALVINUS M:*[inister]. Unten signiert: *AK*

Nr. 10.2

Rs.: Von rechts eine Hand, die aus den Wolken kommt und ein Herz hält, das von Sonnenstrahlen beschienen wird. Der Wahlspruch Calvins als Umschrift: *PROMTE ET SINCERE IN OPERE DOMINI*
Lit.: DÖLEMEYER u. DESEL, Medaillen, S. 101 f. mit Varianten und weiterer Literatur
Leihgeber: Privat

10.2 Calvin-Medaille 1909
Medaille zum 400. Geburtstag von Jean Calvin 1909
Medailleur: A.M. Wolff
Dm: 61 mm. Material: Bronze
Vs.: Porträtbüste nach rechts. Der Reformator mit Mütze und Barett. Umschrift: *JEAN CALVIN 10. JVIL. 1509 – 10. JVIL. 1909*. Sign.: *A*[lbert] *M*[oritz] *WOLFF*
Rs.: Kaiser Wilhelm II. als geharnischter Ritter mit Schwert und Schild beschützt die als Frau mit Kind und Bibel allegorisierte Französische Kolonie zu Berlin. Im rechten Hintergrund ist das Reiterstandbild des Großen Kurfürsten von Friedrich Schinkel zu erkennen.
Herausgegeben vom Consistorium der Französischen Kirche zu Berlin.
Lit.: DÖLEMEYER und DESEL, S. 104 f.
Leihgeber: Privat

10.3 Calvin-Plakette o.J.
Einseitig gegossene Bronzeplakette. Unbekannter Medailleur. Dm: 8 cm.
Kopf Calvins mit Mütze nach rechts. Umschrift: *JOHANN CALVIN*.
Lit.: DÖLEMEYER u. DESEL, S. 105
Leihgeber: Privat

Ausstellungsobjekte 75

10.4 Zeitschrift: Le Ralliement. Organe des membres et amis de l'Eglise réformée française de Francfort s/M., 9. Jg., Nr. 5 1909 (Abbildung auf S. 33)
Herausgegeben in französischer Sprache von dem gebürtigen Schweizer Charles Correvon (1856-1928). Er war Pfarrer der französisch-reformierten Gemeinde in Frankfurt am Main und Mitbegründer des Deutschen Hugenotten-Vereins. Im 9. Jahrgang erschien 1909 zum Calvin-Jubiläum eine Nummer von *Ralliement* (Sammlung) mit dem „Frankfurter Calvin" auf der Titelseite, einer Kopie des Hanauer Calvins-Bildes.
Leihgeber: Deutsche Hugenotten-Gesellschaft, Bad Karlshafen

Nr. 10.3

10.5 Helmut E.A. Monnard: Glaube und Alltag im Calvinismus (Sonderdruck aus Der Deutsche Hugenott 1952, Heft 1 und 2), Deutscher Hugenotten-Verein, Flensburg 1952
Der Hugenottennachkomme Pfarrer Helmut E.A. Monnard schrieb in seinem 1952 erschienenen Aufsatz Nachdenkenswertes u.a. über Kirchenzucht und ökumenische Bedeutung Calvins.
Leihgeber: Deutsche Hugenotten-Gesellschaft, Bad Karlshafen

10.6 Johann Heinrich August Ebrard: Das Werk Gottes in Calvin.
(Ein Lebensbild des Reformators)
Predigt gehalten zur Feier des 300jährigen Todestags Calvins von den beiden ref. Gemeinden zu Erlangen, Erlangen 1864, 24 Seiten.
Der Hugenottennachkomme und Erlanger Theologieprofessor August Ebrard hielt vor den beiden reformierten Gemeinden in Erlangen zum 300. Todestag Calvins eine Predigt, in der er das Leben und Wirken des Reformators darstellte.
Leihgeber: Evangelisch-reformierte Kirchengemeinde Celle

10.7 Titelbild Der Deutsche Hugenott, Nr. 4. 1935
Von Georges Morin, Berlin
Erstmals abgedruckt in der Nr. 1 der Vereinszeitschrift des Deutschen Hugenotten-Vereins im Januar 1929. In der Mitte Calvin nach rechts im Oval, daneben rechts die Predigt in der Wüste, links der Empfang der Hugenotten.
Lit.: Der Deutsche Hugenott, 1. Jg. 1929, Nr. 1, S. 2.
Leihgeber: Deutsche Hugenotten-Gesellschaft, Bad Karlshafen

10.8 Titelbild Kirchliche Nachrichten für die französisch-reformierte Gemeinde in Großberlin, Nr. 39/40, 7. Okt. 1934
Von Georges Morin, Berlin

Nr. 10.7

Nr. 10.8

Erstmals verwendet in *Sonntag und Alltag*, Zeitschrift für die Französisch-reformierte Gemeinde in Großberlin am 24. Oktober 1920. Georges Morin war Mitglied der Gemeinde. Im Oval Calvin, rechts die französische Friedrichstadtkirche, links das Reiterstandbild des Großen Kurfürsten vor dem Berliner Schloss.
Lit.: Sonntag und Alltag, Nr. 44, 31. Okt. 1920, S. 174.
Leihgeber: Deutsche Hugenotten-Gesellschaft, Bad Karlshafen

Ausstellungsobjekte

Nr. 10.9

10.9   Calvinrelief an der Friedrichstadtkirche zu Berlin
Foto der Bronzeplatte von Georges Morin (1874-1950). Hergestellt zur 250-Jahr-Feier der
Aufnahme der Hugenotten in Brandenburg am 29. Oktober 1935, Maße: 250 x 163 cm
Auf einem Podest in der Mitte steht vollplastisch Calvin mit einem Buch in der linken Hand.
Bei der Schrift auf der rechten Seite handelt es sich um ein Zitat Friedrichs des Großen und
bei dem Text links um den Anfang des Potsdamer Edikts. Die Reliefs oben zeigen die Motive
„Auf die Galeeren" und „Predigt in der Wüste". Das Relief unten zeigt die Motive „Auf der
Flucht" und „Empfang durch den Großen Kurfürsten".
Lit.: AHRENDTS, S. 15 f. mit Abb. hinter dem Titelblatt und nach S. 30; BENEKE u. OTTOMEYER, S. 178 m. Abb.
Foto: Nadine Kaminski

10.10 Stefan Zweig: Castellio gegen Calvin oder Ein Gewissen gegen die Gewalt, Herbert Reichner Verlag Wien 1936, 333 S.
In dem 1936 im Exil in Erstauflage erschienenen Buch Stefan Zweigs (1881-1942) *Castellio
gegen Calvin oder Ein Gewissen gegen die Gewalt* war eigentlich Adolf Hitler gemeint, wenn
Zweig Calvin als Genfer Diktator angriff. Sebastian Castellio hatte Calvin nach der Verbrennung des Arztes Michael Servets in Genf Intoleranz vorgeworfen. Das Buch hat das Negativimage des Genfer Reformators zusätzlich geprägt.
Leihgeber: Deutsches Hugenotten-Museum, Bad Karlshafen

Nr. 10.10

10.11 Konfirmandenbild Calvins
Zeichnung von Lena Herborg, Bad Karlshafen

Im Calvinjahr 2009 haben sich Karlshafener Konfirmanden unter Anleitung ihres Pfarrers Wolfram Köhler zeichnerisch mit Calvin auseinandergesetzt. Ein Beispiel ihres Schaffens ist hier zu sehen.

Leihgeber: Evangelische Kirchengemeinde Bad Karlshafen

11. Calvin im Bild

Calvins Bitte an die Hugenotten in London, *„aus mir keinen Götzen zu machen und aus Genf kein Jerusalem"*. (Briefe 1552)

Johannes Calvin besaß keinen Künstler, wie es Lukas Cranach für den deutschen Reformator Martin Luther war, der den Genfer Reformator überzeugend porträtierte. Es existieren nur wenige zeitgenössische Porträts von ihm und keines geht auf einen bekannten Maler zurück. Skizzenhafte Zeichnungen eines Studenten scheinen der Wirklichkeit am nächsten zu kommen. Trotzdem entstanden über die Jahrhunderte hinweg zahlreiche Calvin-Porträts. Der französische Theologe Émile Doumergue publizierte zum 400. Geburtstag Calvins im Jahr 1909 eine noch heute gültige *„Iconographie Calvinienne"*, die Gemälde, Kupferstiche, Lithographien und andere gedruckte Porträts sowie Calvin-Medaillen, Ereignisbilder aus Calvins Leben und die Karikaturen beschreibt, mit denen der Reformator verunglimpft wurde.

In den deutschen Hugenottengemeinden und den deutsch-reformierten Kirchen hielten Abbilder Calvins das Andenken an den „Vater der Hugenotten und Reformierten" wach. Im deutschsprachigen Raum finden sich seit dem 16. Jahrhundert entstandene Calvin-Porträts von deutschen Künstlern oder Kopien von französischen und niederländischen Malern. Hugenottennachkommen wie Daniel Chodowiecki (1726-1801) und Louise Henry (1798-1839) bemühten sich mit ihren Bildern, Calvin den Zeitgenossen nahezubringen. Es gibt vielfältige Formen der künstlerischen Annäherung an Calvin. Sie alle gehen aber auf wenige Grundmuster zurück oder sind sogar reine Phantasiegebilde.

11.1 Johannes Calvinus
Öl auf Holz von Jannes Lübberts de Haan. 17. Jh., Maße: 39 x 32 cm (Abbildung auf S. 21)
Das Bild des Emder Malers zeigt Calvin im Brustbild mit Profil nach rechts mit Barett, gewelltem, spitzen Bart, pelzbesetztem Talar. Schrift oben rechts: *JOHANNES CALVINUS,*

/ NATUS NOVIODUNI PICARDORUM /
D. 10. JULIJ 1509 / OBIIT GENEVAE /
D. 27. MAIJ 1564.
Leihgeber: Stiftung Johannes a Lasco Bibliothek,
Große Kirche Emden

11.2 Johannes Calvin 16/17. Jh.
Abbildung siehe Titelbild. Ölgemälde von
G. Dontu, 2003, Kopie nach dem Gemälde von Peter Schenk, Maße: 38 x 29,5 cm
Calvin stehend in seinem Arbeitszimmer.
Der nach links gewandte Reformator hält
die Institutio von 1533 in der Hand. Hinter ihm stehen ein Sessel und ein Regal
mit Büchern. Neben dem Sessel befinden
sich zwei weitere Folianten. Auf dem Tisch
steht eine Kerze hinter einem geöffneten
Buch. Das Original befindet sich im *Bibliothèque-Musée de la Société de l'Histoire
du Protestantisme Français* in Paris.
Lit.: SEMNOZ, S. 30-32; BRANDENBURG, S. 16
Leihgeber: Deutsches Hugenotten-Museum, Bad Karlshafen

Nr. 10.11

11.3 Johannes Calvin um 1570
Holzschnitt von Tobias Stimmer (1539-1584), Maler und Zeichner in Straßburg,
Maße: 14,9 x 9,4 cm
Halbfigur des Reformators nach links. Calvin mit Barett, Bart und Bibel in der linken Hand
auf einem Tisch. Darüber die Schrift: *Johannes Calvinus, der H. Schrifft Lehrer, [S.] 60*. Schrift
unten: *Noyon in Franckreich mein Gburtsstatt/Pariß und Burgeiß mich gleicht hat/Zum Lehrer
Genff/wie offenbar/In Schulen vnd Kirchen macht vil Jar. Starb im Jar. 1564. H iiii*, aus: *Nicolaus Reusner: Contrafacturbuch: Ware und Lebendige Bildnussen etlicher weitberhümbten
unnd Hochgelehrten Männer in Teutschland*, Bernhart Jobin [Straßburg], 1587.
Lit.: DOUMERGUE, S. 36-39; Tobias Stimmer, S. 236.
Leihgeber: Privat

11.4 Joannes Calvinus 1590
Kupferstich des Niederländers Hendrick Hondius (1573-1649). Signiert oben links: H. fecit,
Maße: 16,5 x 12 cm
Calvin als Halbfigur nach links mit Bart, Barett und pelzbesetztem Talar. Schrift unten:
JOANNES CALVINUS
Caluinum assiduè comitata modestia viuum   *Roma tuus terror maximus ille fuit.*
Hoc vultu manibus finxerat ipsa suis.   Lit.: DOUMERGUE, Nr. 125; REUSNER
Ipsa à quo potuit virtutem discere virtus.   Leihgeber: Privat

Nr. 11.7

Nr. 11.3

11.5   Johannes Calvin 17. Jh.
(Abbildung auf Seite 8)
Kupferstich des Schweizers Johann Jacob Thourneysen (1636-1711), excudit Basilea,
Maße: 22,4 x 15 cm
Calvin im Oval als Brustbild nach rechts. Er trägt die Gelehrtenmütze und die pelzbesetzte Schaube. Er hat die rechte Hand erhoben.
Der Zeigefinger weist nach oben. Unten im Oval: Medaillon mit posauneblasendem Engel. Umschrift: *DOCTRINA & VIRTVS HOMINES POST FVNERA CLARAT*. Umschrift im Oval: *JOHAN CALVINVS VERE THEOLOGVS ECCLESIASTES GENEV VIXIT LAVDATIS ANN. LIV. MENS X. DIES XVII MORT RELIGIOSIS A CIC LECTEUR ER CHANTRE LXIV DM*. Schrift unten im Oval: *PROMPTE - SINCERE*. Schrift unten: *Hoc vultu hoc habitu, CALVINVM sacra docete / GENEVA felix audiit / Cuius scripta PU toto venerantur in Orbe / frustra IMPUS Ringentibus*.
Lit.: DOUMERGUE, S. 56 f.
Leihgeber: Privat

11.6 Calvin ca. 1830
Lithographie 1. Hälfte 19. Jh. von Ferdinand Piloty (1786-1844), Maße: 42 x 30 cm
Das „Phantasiebild" Calvins als junger Mann ohne Bart mit Hut soll angeblich nach Hans Holbein gezeichnet worden sein. Oben rechts Schrift im Rahmen: *R.K.AET. XXXV; MDXXI H.H.* Unten: *Calvin*
Lit.: DOUMERGUE, Nr. 272
Leihgeber: Privat

11.7 Calvin ca. 1800
Lithographie eines unbekannten Künstlers. Calvin steht im pelzbesetzten Mantel mit Bibel auf einem Hügel und blickt in die Landschaft.
Leihgeber: Privat

11.8 Calvin 19. Jh.
Kupferstich von Friedrich Müller (geb. 1797). Maße: 34 x 27 cm
Calvin als Halbfigur nach rechts. Das Originalgemälde befindet sich in Dresden. Es soll angeblich von Hans Holbein stammen.
Lit.: DOUMERGUE, S. 27.
Leihgeber: Privat

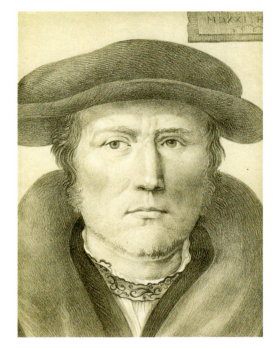

Nr. 11.6

11.9 Calvin 1. Hälfte 19. Jh.
Maße 18 x 15,5 cm
Lithographie von Jean Henri Marlet (1770-1847) mit Widmung des Konsistoriums der deutsch-französischen Gemeinde in Brüssel für den französisch-reformierten Pfarrer Jean Henri d'Aubigné (1794-1872), der eine Geschichte der Reformation schrieb und von 1822 bis 1831 als Pfarrer in Brüssel war. Zuvor war er Pfarrer der Französisch-reformierten Gemeinde in Hamburg.
Lit.: DOUMERGUE, Nr. 30; MAVIUS, S. 61 ff.
Leihgeber: Privat

11.10 Calvin-Porträt von Louise Henry
(Abbildung auf Seite 29)
Aus: *Paul Emil Henry: Das Leben Johann Calvins, des großen Reformators. Mit Benutzung der handschriftlichen Urkunden, vornehmlich der Genfer und Züricher Bibliothek, entworfen, nebst einem Anhang bisher ungedruckter Briefe und anderer Belege*, 3 Bde., Verlag Perthes Hamburg 1835/1838/1844.

Nr. 11.9

Vierbändiges Werk über den Reformator von dem Prediger der französischen Friedrichstadtkirche zu Berlin Paul Henry (1792-1853), Enkelsohn von Daniel Chodowiecki. Hier Bd. I (1835) mit dem gestochenen Calvin-Porträt als Frontispiz von der Ehefrau Louise Henry, geb. Claude (1798-1839), die Malerin war.

Leihgeber: Deutsches Hugenotten-Museum, Bad Karlshafen

11.11 Johann Calvin ca. 1820
Lithographie von Carl August Schwerdgeburth (1785-1878). Nach einer Zeichnung von Ferdinand Jagemann (1780-1820), Maße: 10 x 8,3 cm
Frontispiz aus Friedrich Keyser (Hg.): Reformations-Almanach auf das Jahr 1821, Erfurt 1820. Brustbild Calvins nach halblinks mit Vollbart, Barett und Pelzkragen.
Lit.: DOUMERGUE, Nr. 113
Leihgeber: Privat

Literaturverzeichnis

Carl AHRENDTS (Bearb.): Die Feier der 250. Wiederkehr der Aufnahme der Hugenotten durch den Großen Kurfürsten in Brandenburg-Preußen (Edikt von Potsdam vom 29. Oktober 1685) durch die Französische Kirche in Berlin, Berlin 1935.

Matthieu ARNOLD: Calvin und Straßburg, in: Herman Selderhuis (Hg.): Calvin Handbuch, Tübingen 2008, S. 74-78.

Jacques AUBÉRY: Histoire de l'Execution de Cabrières et de Mérindol et d'autres lieux de Provence ..., herausgegeben und kommentiert von Gabriel Audiso, Gap 1982.

Karl BAUER: Die Beziehungen Calvins zu Frankfurt a.M. (= Schriften des Vereins für Reformationsgeschichte 38. Jg. Nr. 133), Leipzig 1920.

Karl BAUER: Valérand Poullain. Ein kirchengeschichtliches Zeitbild aus der Mitte des 16. Jahrhunderts (= Geschichtsblätter des Deutschen Hugenotten-Vereins, NF Bd. 3), Elberfeld 1927.

Sabine BENEKE und Hans OTTOMEYER (Hg.): Zuwanderungsland Deutschland. Die Hugenotten. Ausstellung im Deutschen Historischen Museum Berlin, Katalog, Berlin 2005.

Heiner BORGGREFE (Hg.): Moritz der Gelehrte. Ein Renaissancefürst in Europa, Ausstellungskatalog, Kassel 1997.

Ingrid und Klaus BRANDENBURG: Hugenotten. Geschichte eines Martyriums, Leipzig 1990.

Klaus BRÖHENHORST und Gerrit DEGENHARDT: Neugierig auf Calvin. Ein Reformator in 17 Kapiteln (= Theologische Orientierungen, Bd. 9), Münster 2008.

Eberhard BUSCH, Alasdair HERON und Christian LINK (Hg.): Calvin-Studienausgabe, 10 Bände, Neukirchen-Vluyn 1994ff. [zitiert als Calvin Studienausgabe]

Johannes CALVIN: Johannes Calvins Auslegung der Genesis, übersetzt und bearbeitet von Wilhelm Goeters, Neue, durchgearbeitete Ausgabe, Neukirchen 1956.

Johannes CALVIN: Ioannis Calvini opera quae supersunt omnia ... , 59 Bände, hg. Wilhelm Baum, Eduard Cunitz und Eduard Reuss, 1863-1900 (zitiert als CO).

Albert DE LANGE : Calvin, die Waldenser und Italien, in: Ansgar REISS u. Sabine WITT (Hg.): Calvinismus. Die Reformierten in Deutschland und Europa. Eine Ausstellung des Deutschen Historischen Museums Berlin und der Johannes a Lasco Bibliothek Emden, Dresden 2009, S. 64-70.

Charles DELORMEAU: Die Abendmahlsmarken der Reformierten Kirchen, in: Der Deutsche Hugenott 44. Jg. 1980, Heft 1, S. 2-5.

Charles DELORMEAU: Les Mereaux de Communion des Eglises protestantes de France et du Refuge, Mialet 1983.

Der Deutsche Hugenott, 1. Jg. 1929, Nr. 1, S. 2.

Jochen DESEL: Hugenottenkirchen in Hessen-Kassel, Bad Karlshafen 1992.

Irene DINGEL: Entstehung der Evangelischen Französisch-reformierten Gemeinde Frankfurt: theologische und ekklesiologische Aspekte, in: Georg ALTROCK u.a.: Migration und Modernisierung, 450-jähriges Bestehen der Evangelischen Französisch-reformierten Gemeinde Frankfurt am Main (= Arnoldshainer Texte, Bd. 134), Frankfurt am Main 2006, S. 53-72.

Barbara DÖLEMEYER und Jochen DESEL: Deutsche Hugenotten- und Waldenser-Medaillen. Beiträge zu einer Histoire Métallique du Refuge Allemand (= Geschichtsblätter des Deutschen Hugenotten-Vereins, 27), Bad Karlshafen 1998.

Émile DOUMERGUE: Iconographie Calvinienne. Ouvrage dédié à l'Université de Genève, Lausanne 1909.

Friedrich Clemens EBRARD: Die französisch-reformierte Gemeinde in Frankfurt am Main 1554-1904, Frankfurt am Main 1906.

Inge ELSÄSSER: Die „Hugenottenkirche" in Erlangen und ihre Vorbilder, München 1987.

Max ENGAMMARE: Une certaine idée de la France chez Jean Calvin l'exilé, in: Bernhard COTTRET und Olivier MILLET (Hg.): Jean Calvin et la France, S. 15-27 = BSHPF Tome 155 (2009).

Andreas FLICK: 1700-2000: 300 Jahre Evangelisch-reformierte Kirche in Celle, in: Celler Chronik 9. Beiträge zur Geschichte und Geographie der Stadt und des Landkreises Celle, Celle 2000, S. 58-101.

Andreas FLICK: 1709 – 1805 – 2009. 300 Jahre Deutsch-reformierte Gemeinde Celle. Ausstellungskatalog, Bad Karlshafen/Celle 2009.

Andreas FLICK, Angelica HACK und Sabine MAEHNERT: Hugenotten in Celle, Katalog zur Ausstellung im Celler Schloß 9. April–8. Mai 1994, Celle 1994.

Theodor FONTANE : Werke, Schriften, Briefe, 1. Abteilung, Band VI, Herausgegeben von Walter Keitel und Helmut Nürnberger, München 1995 (HFA).

Ursula FUHRICH-GRUBERT: Die Französische Kirche zu Berlin. Ihre Einrichtungen 1672-1945 (Tagungsschriften des Deutschen Hugenotten-Vereins, 11), Bad Karlshafen 1992.

David HERRLIBERGER: Heilige Ceremonien, Gottes- und Götzen-Dienste aller Völker der Welt : Oder Eigentliche Vorstellung und summarischer Begriff, der vornehmsten Gottes-Dienstlichen Pflichten, Kirchen- und Tempel-Gebräuchen, der Christlich- und Abgöttischen Völcker der gantzen Welt / Welche Nach des berühmten Picarts Erfindung in Kupfer gestochen, und verlegt worden, Zürich 1738.

Werner HOFFMANN: Luther und die Folgen für die Kunst. Ausstellungskatalog. München 1983.

Theodor HUGUES: Die Conföderation der reformierten Kirchen in Niedersachsen. Geschichte und Urkunden, Celle 1873.

Hannelore JAHR: Studien zur Überlieferungsgeschichte der Confession de foi von 1559 (= Beiträge zur Geschichte und Lehre der reformierten Kirche, Bd. 16), Neukirchen-Vluyn 1964.

Robert KINGDON: Calvin et la discipline ecclésiastique, in: Bernard COTTRET und Olivier MILLET (Hg.): Jean Calvin et La France, S. 117-126 = BSHPF Tome 155 (2009).

Birgit KÜMMEL: Der Ikonoklast als Kunstliebhaber. Studien zu Landgraf Moritz von Hessen-Kassel (1592 - 1627)

(Materialien zur Kunst- und Kulturgeschichte in Nord- und Westdeutschland, 23), Marburg 1996.

Rosine LAMBIN: Calvin und die adeligen Frauen im französischen Protestantismus, Online Version 2008.

Michelle MAGDELAINE: Frankfurt am Main, Drehscheibe des Refuge, in: Rudolf von THADDEN und Michelle MAGDELAINE: Die Hugenotten 1685-1985, München 1985, S. 26-37.

Götz MAVIUS: Die Evangelisch-reformierten Gemeinden in Stade, Hamburg und Altona. Ihre Pastoren und Kirchen 1588-2007. Herausgegeben und bearbeitet von Andreas Flick, Jennifer Kaminski und Dorothee Löhr (= Geschichtsblätter der Deutschen Hugenotten-Gesellschaft, Bd. 41), Bad Karlshafen 2007.

Hermann MEINERT (Hg.): Die Eingliederung der niederländischen Glaubensflüchtlinge in die Frankfurter Bürgerschaft. Auszüge aus den Frankfurter Ratsprotokollen, Frankfurt 1981.

Raymond A. MENTZER: Calvin und Frankreich, in: Herman J. SELDERHUIS (Hg.): Calvin Handbuch, Tübingen 2008, S. 78-87.

Walter MOGK: 300 Jahre Evangelisch-reformierte Gemeinde Celle 1686-1986, Celle 1986.

Walter MOGK: Französisch-reformierte und deutsch-reformierte Gemeinden. Aus der Tätigkeit der Niedersächsischen Konföderation – eines presbyterial-synodalen Kirchenverbandes – im 18./19. Jahrhundert, in: Die Gemeinden des Bezirkskirchenverbandes X der Evangelisch-reformierten Kirche in Nordwestdeutschland. Einblicke in ihre Geschichte und Gegenwart. Hg. Bezirkskirchenrat des Bezirkskirchenverbandes X der Evangelisch-reformierten Kirche in Nordwestdeutschland, Weener 1982, S. 14–40.

Nicolaus REUSNER: Icones sive Imagines Virorvm literis Illvstrivm. Qvorvm Fide Et Doctrina Religionis Et Bonarvm literarum studia, nostrâ patrumque memoriâ, in Germaniâ praesertim, in integrum sunt restituta / Ex Secunda recognitione Nicolai Revsneri IC, Straßburg 1590.

Ansgar REISS u. Sabine WITT (Hg.): Calvinismus. Die Reformierten in Deutschland und Europa. Eine Ausstellung des Deutschen Historischen Museums Berlin und der Johannes a Lasco Bibliothek Emden, Dresden 2009.

SCHWARZ, Rudolf: Johannes Calvins Lebenswerk in seinen Briefen. Eine Auswahl von Briefen Calvins in deutscher Übersetzung von Rudolf Schwarz. Erster Band: Die Briefe bis zum Jahre 1553. Zweiter Band: Die Briefe bis zum Jahre 1564. Tübingen 1909.

Herman J. SELDERHUIS (Hg.): Calvin Handbuch, Tübingen 2008 [zitiert als Calvin Handbuch].

Claude SEMNOZ (Hg.): Renaissance et Réforme 1492-1547, o. O. 1988, S. 127.

Société d´histoire et d'archéologie de Genève, Bd. 47 (1979), S. 249.

Sonntag und Alltag, Nr. 44, 31. Okt. 1920, S. 174.

R. STÄHELIN: Calvin, Johannes, in: Realenzyklopädie für protestantische Theologie und Kirche, dritter Band, 3. Aufl., Leipzig 1897, S. 654-683 [zitiert als RE3].

Maarten STOLK: Calvin und der Frankfurter Konvent (1539), in: Zwingliana 32 (2005), S. 23-38.

Otto Erich STRASSER-BERTRAND: Die Evangelische Kirche in Frankreich, in: Die Kirche in ihrer Geschichte,

Bd. 3, Lieferung M 2, Göttingen 1975, S. M 135-M 191.

Tobias Stimmer 1539-1584, Spätrenaissance am Oberrhein, Ausstellung im Kunstmuseum Basel, 23. September-9. Dezember 1984, Basel 1984.

Christian VELDER: 300 Jahre Französisches Gymnasium Berlin, Berlin 1989.

Karl-Heinz ZUR MÜHLEN: Die Reichsreligionsgespräche von Hagenau, Worms und Regensburg 1540/41, Chancen und Grenzen des kontroverstheologischen Dialogs in der Mitte des 16. Jahrhunderts, in: BPfKG 72 (2005), S. 319-334.

VERLAG DER DEUTSCHEN HUGENOTTEN-GESELLSCHAFT

Hafenplatz 9a | 34385 Bad Karlshafen
Tel. 05672 | 1433
dhgev@t-online.de
www.hugenotten.de

Geschichtsblätter der Deutschen Hugenotten-Gesellschaft e.V.

Band 30
Hans-Walter Herrmann
Die Hugenottengemeinde Ludweiler
ISBN 3-930481-06-5 | 4,80 €

Band 31
Ursula-Marianne Mathieu und Ursula Fuhrich-Grubert (Hg.)
Die Kolonie 1875–1877; 1880–1882
Die Französische Kolonie 1887–1906
Namenregister
ISBN 3-930481-12-X | 14,90 €

Band 32
Barbara Dölemeyer
Hier finde ich meine Zuflucht
Auf den Spuren der Hugenotten und Waldenser
im südlichen Hessen
ISBN 3-930481-10-3 | 12,40 €

Band 33
Fred W. Felix
Die Ausweisung der Protestanten aus dem
Fürstentum Orange 1703 und 1711–13
ISBN 3-930481-13-8 | 14,90 € (vergriffen)

Band 34
Ursula Fuhrich-Grubert und Jochen Desel (Hg.)
Daniel Chodowiecki (1726–1801)
Ein hugenottischer Künstler und Menschenfreund
ISBN 3-930481-14-6 | 19,90 € (vergriffen)

Band 35
Andreas Flick und Albert de Lange (Hg.)
Von Berlin bis Konstantinopel
Eine Aufsatzsammlung zur Geschichte
der Hugenotten und Waldenser
ISBN 3-930481-15-4 | 16,00 € (vergriffen)

Band 36
Chrystel Bernat (Hg.) **Die Kamisarden**
Eine Aufsatzsammlung zur Geschichte
des Krieges in den Cevennen (1702–1710)
ISBN 3-930481-16-2 | 19,80 €

Band 37   Yves Krumenacker (Hg.)
               Das Journal von Jean Migault
               Leiden und Flucht einer
               hugenottischen Familie (1682–1689)
               ISBN 3-930481-17-0 | 14,80 € (vergriffen)

Band 38   Andreas Flick
               „Auf Widerspruch waren wir gefaßt ..."
               Leben und Werk des reformierten
               Erweckungstheologen Theodor Hugues
               ISBN 3-930481-19-7 | 19,80 €

Band 39   Ursula-Marianne Mathieu (Hg.)
               Geschichtsblätter des Deutschen Hugenotten-Vereins
               1890 bis 1988. Namens- und Ortsregister auf CD-ROM
               ISBN 3-930481-21-9 | 19,80 €

Band 40   Ingrid Buchloh
               Die Harlans. Eine hugenottische Familie
               ISBN 3-930481-22-7 | 19,80 €

Band 41   Götz Mavius
               Herausgegeben und bearbeitet von Andreas Flick,
               Jennifer Kaminski u. Dorothee Löhr
               Die Evangelisch-reformierten Gemeinden in Stade, Hamburg
               und Altona. Ihre Pastoren und Kirchen 1588-2007
               ISBN 978-930481-23-1 | 19,80 €

Band 42   Franzisca Roosen
               „Soutenir notre Église"
               Hugenottische Erziehungskonzepte und Bildungseinrich-
               tungen im Berlin des 18. Jahrhunderts
               ISBN 978-3-930481-24-8 | 19,80 €

Band 43   Andreas Flick und Walter Schulz (Hg.)
               Von Schweden bis Südafrika. Vorträge der Internationalen
               Hugenotten-Konferenz 2006 / From Sweden to South Africa.
               Proceedings of the International Huguenot Conference in
               Emden 2006
               ISBN 978-3-930481-26-2 | 22,80 €

Für die Geschichtsblätter gilt eine Preisermäßigung von 25 % für Subskribenten und 10 % für Mitglieder der Deutschen Hugenotten-Gesellschaft.
Bitte fordern Sie einen Verlagsprospekt an.